KB077405

회사에서는 일만 하고 싶다

최정우 지음

Respect the line in the office life

센시오

조직의 크기에 상관없이 인간관계에서 벌어지는 갈등은
어디에나 존재한다. 대기업에서 근무를 할 때도 느꼈고,
심리상담사로 작은 규모의 조직에서 근무하고 있는
지금도 느낀다. 그러고 보면 우리가 조직에서 경험하는
심리적 어려움은 대부분 인간관계의 갈등에서 비롯된
것이 아닐까 싶다. 그런 만큼 나 자신과 주변 사람들을
대하는 마음은 무척이나 중요하다.

니체가 말했던가? 떨어져 응시할 때 소중하고 아름답게
보인다고. 16년 동안 다녔던 회사생활을 정리하고
외부에서 회사를 바라보니 그 순간들이 아름답게 보일
때가 있다.

그렇게 불안해했던 발표를 무사히 마치고 상사에게

칭찬받았을 때,

개인적 문제로 힘들어하던 동료가 나와 얘기를 나누고
나서 힘을 낼 때,

서먹했던 동료와 가진 우연한 술자리에서 속 깊은
고민을 나누었을 때,

한 부하 직원이 나로 인해 업무에 자신감을 가지게
되었다는 말을 들었을 때….

이런 순간들은 회사생활을 '할 맛'나게 만드는 소중하고
의미 있는 순간들이다.

(물론 그렇다고 다시 회사로 돌아가고 싶다는 것은 아니다.)

떠나온 회사를 바라보니 보이는 것이 또 있다. 인간관계
문제를 해결하는 실마리다.

회사생활은 인간관계의 연속이라 해도 틀린 말이 아니다.
수많은 인간관계 속에서 나 또한 갈등, 불화, 시기,
질투, 오해, 분노 등을 경험했다. 그런 문제들로 수없이
고민했는데, 회사를 다닐 때는 보이지 않았던 문제
해결의 실마리가 회사를 나오니 잘 보이기 시작했다.
게임 속 주인공이 아닌 위치에서 게임을 바라보는
입장이 되니 그 게임을 좀 더 잘 조망할 수 있었다.

장기판에 훈수를 두는 것과 같다고 할까? 내가 직접
장기를 둘 때는 보이지 않던 것들도 바라보는 입장이
되면 보이는 것이 많아지는 것과 같다.
회사생활을 하고 있는 과거의 나에게 내가 훈수를
둔다면 어떤 훈수를 해줄 수 있을까? 회사에서 힘들었던
순간들의 나를 떠올려봤다. 그때의 나에게 해주고 싶은
말들이 생각났다.

"상사 같지도 않은 저 인간이 지금 나에게 하는 평가가
반드시 옳은 평가란 법은 없지. 기분은 나쁘지만, 나의
가치와 본질은 훼손되지 않았어. 너무 신경 쓰지 말자."
"나에 대한 안 좋은 소문을 들으니 죽고 싶을 만큼
괴롭다. 근데 너무 신경은 쓰지 않도록 노력하자. 어차피
진실은 변하지 않을 테니."
"잘나가는 박 과장, 진심으로 부럽다. 하지만 너무
부러워하지 말자. 성공한 사람들은 그만큼 피곤하고
챙겨야 할 것도 많을 테니까."
"입만 열면 잘난 척이네. 얼마나 자존감이 낮으면 자기가
나서서 자기 칭찬을 할까. 어떻게 보면 불쌍한 사람이야.

나라도 호응해주자."

지금은 직장인으로서의 삶을 끝내고 심리상담사로서
제2의 인생을 살고 있다. 직업이 직업이다 보니 다양한
심리적 문제를 겪고 있는 직장인들을 만날 기회가
많다. 직장생활이라는 게임을 하고 있는 사람들에게
직장생활의 심리적 훈수를 해주고 있는 셈이다.
내가 직장생활 경험이 있어서일까? 직장인들이 겪는
심리적 문제를 듣고 있노라면 남의 일 같지가 않다. 나
역시 직장 생활을 할 때 한 번쯤은 고민했던, 힘들어했던
주제다. 깊은 공감을 느낀다. 깊은 공감과 경험을 토대로
상담을 하니 상대방의 입장에서도 더 깊은 위로와
격려가 되는 듯했다.

"공감을 잘 해주셔서 감사해요."
"현실적 상담을 해주셔서 도움이 많이 되었어요."
"비슷한 고민을 하고 있는 다른 동료에게도 선생님을
소개해주고 싶어요."
"벼랑 끝에 서 있는 듯한 기분이 들었는데 선생님 덕분에

큰 위로를 받았어요."

이런 이야기를 들을 때 큰 보람을 느낀다. 나의 힘들었던
경험이 누군가에게는 문제 해결의 실마리가 될 수
있으니 말이다.
직장인들이 겪는 대부분의 심리적 문제는 인간관계에서
온다. 지금도 많은 직장인들이 다양한 심리적 문제를
겪고 있을 것이다.
자신에 대한 나쁜 소문을 전해 들었을 때,
잘 맞지 않는 상사와 하루하루를 버텨내야 할 때,
험담을 밥 먹듯이 해댔던 동료에게 일일이 대구해줘야
할 때,
상사 눈치만 보다 정작 나 자신은 돌보지 못할 때,
어느 무리에도 끼지 못한 채, 외톨이가 된 듯한 기분이
들 때,
능력 없는 팀장에게 억지로 맞춰줘야 할 때….

인간관계로 심리적 문제를 겪고 있는 직장인들에게
공감과 위로의 말을 건네고 싶었다. 인간관계로

힘들어하고 있는 직장인들과 문제 해결의 실마리를
나누고 싶었다. 이 책을 쓰게 된 이유다.
나와 상담을 진행했던 직장인들이 실제로 심리적
도움을 받았고, 이제는 당신에게 그 손길을 건네고 싶다.
아무쪼록 이 책을 읽고 당신의 직장생활이 조금이나마
즐겁고 행복해지기를 진심으로 기원한다.

2021년 12월 마음을 담아

2장

너무 속 보이는 상사의 의도에 넘어가지 않는 법

3장

는 것은 욕과 주름뿐,
내 감정의 롤러코스터

4장

이렇게 봐도 싫고 저렇게 봐도
꼴 보기 싫은 사람이 있다면

5장

적당히 월급 받고 적당히 어울리는
적당한 직딩 라이프

Respect the line in the office life

1장

누가 뭐래도
나는 간다,
내 갈 길을

상사에게 꼭
인정받아야 할까?

직장인이라면 누구나 직속 상사, 동료 직원, 부하
직원에게 인정받고 싶다. 거래처 직원들에게도 좋은
직원이라고 칭찬받으면 기분이 좋다. 아마 직장인 중에서
인정받고 싶지 않은 사람은 없을 것이다. 나 역시 그랬다.
회사에서 뿐만 아니라 내가 만나는 모든 사람들이 나에
대해 좋게 평가해주기를 바랐다. 그것이 능력이라고
믿었다. 혹여 나를 반신반의하는 사람을 만나면 내 탓을

했다. 내 능력이 부족해서, 내 실력이 부족해서라고.
하지만 모든 사람에게 최상의 칭찬과 인정을 받는다는
건 불가능한 일이다. 그런 인정과 평가가 내 능력을
증명해주는 것도 아니다. 니체도 말하지 않았는가. 모든
사람에게 사랑받아야 한다고 생각하지 말라고 말이다.
직업을 바꾸고 입사한 첫 직장에서 있었던 일이다.
첫 직장이니만큼 그곳에서 만나는 모든 사람들에게
인정받고 싶은 마음이 컸다. 누구나 그렇겠지만 특히
선임에게는 무척 신경이 쓰였다. 나는 선임에게 잘
보이고 싶은 마음에 그가 하는 말에 열심히 반응하고,
그가 지시하는 업무를 빠르고 정확하게 수행하려
애를 썼다. 심지어는 짐을 나르려는 선임을 보면 바람
같이 달려 나가 돕기도 했다. "정우 씨는 일을 정말
잘하시네요." 그 한마디가 듣고 싶어서 말이다.
그런데 시간이 갈수록 그런 마음이 사그라들기 시작했다.
선임이 무능력했기 때문이다. 업무를 파악하는 능력도,
지시하고 전달하는 능력도 기대 이하였다. 인성도
문제였다. 함께 근무하는 사람들을 포용하고 이해하는
마음이 부족했다. 하루하루 선임의 실망스런 모습을 볼

때마다 '이런 사람에게 인정받아서 뭐해?' 하는 생각이
들었다. 그러자 특별히 잘 보이고 싶은 마음도 사라졌다.
예의만 지키며 평범하게 상사로 대우했다. 누구에게 잘
보이고 싶은 마음이 사라지니 내 신념대로 일해야겠다는
생각이 들었고, 상사보다는 동료 직원들과 잘 지내려
노력했다. 그런 마음이 드니 직장생활도 훨씬 즐거웠다.
누구나 인정하는 넘사벽의 능력으로 엄청나게 일을
잘하거나 누구나 혀를 내두를 만큼 기본 이하의
능력으로 엄청나게 일을 못하는 사람이 아니라면 한
사람에 대한 평가는 갈리기 마련이다. 똑같은 사람인데
누군가는 좋은 평가를 하고 누군가는 좋지 않은 평가를
한다. 누군가는 동료들과 협업을 잘해 팀의 균형을 잘
맞추는 직원이라고 하고, 누군가는 다른 팀원들의 능력에
묻어가는 기대 이하의 직원이라고 말한다. 상사와 성향이
맞는지, 업무 특성이 어떤지, 회사가 어떤 상황에 처해
있는지, 조직의 분위기가 어떤지 등 상황에 따라 똑같은
사람이라도 그에 대한 평가는 얼마든지 달라질 수 있다.
그만큼 변수가 많다.
상사와 부하 직원의 관계도 한몫을 한다. 상사와 관계가

좋으면 그만큼 평가가 후해질 수밖에 없다. 상사도 인간이기에 객관적이고 정확한 평가라는 게 아예 불가능하다. 상사는 상사일 뿐 인력 평가 전문가가 아니다. 상사가 어떤 부하 직원에 대해 인간적으로 호감을 느끼고 관계가 좋다면 좋은 평가를 내릴 수밖에 없다. 평가를 먼저하고 그에 합당한 이유를 찾아내는 것이다. 높은 점수를 주기 위해 그에 합당한 사례를 떠올리려 애쓴다. 생각이 잘 나지 않으면 쥐어 짜내서라도 어떻게든 짜 맞춘다. 그것이 인간의 심리고 상사의 권력이다. 율리우스 카이사르Gaius Julius Caesar의 말처럼 "인간은 자기가 보고 싶다고 생각하는 현실밖에 보지 않는다." 자신의 신념과 믿음에 부합하는 정보는 받아들이고 그렇지 않은 정보는 걸러내고 무시하는 '확증 편향confirmation bias'이 이럴 때 드러나는 법이다. 모든 사람이 나에 대해 정확한 평가를 할 수 없으니 모든 사람으로부터 인정받을 필요가 없다. 그리고 그럴 수도 없다. 그렇기에 차별을 당한다고 느낄 수도 있다. 나는 최선을 다했는데 상사와의 관계 때문에 그에 합당한 평가를 받지 못할 수도 있기 때문이다. 나보다 능력이 부족한데도 상사와 더 친해서 훨씬 좋은 평가를 받는 경우도 생긴다. 직장생활이란 그런 것이다. 공정하지 못할 때가 많다. 나보다 못난 사람이 나보다 더 높은 자리에 올라갈 수도 있고, 나보다 잘난 사람이 나보다 못한 대우를 받을 수도 있다. 내가 다니던 회사에서는 인사고과를 S, A, B, C 4등급으로 나누었다. 이 등급이 얼마나 말이 안 되느냐 하면, 사람 한 명의 DNA 염색체 한 개를 이미지파일로 바꾸면 약 750MB의 용량이 나온다고 한다. 유전자 변이를 감안하면 한 명당 DNA 정보는 약 1GB의 용량이다.[1] 보통 드라마 한 편 용량이 700MB이다.

즉 사람 한 명의 DNA 정보로 드라마 한 편을 만들고도 남는다는 뜻이다. DNA로만 드라마 하나를 만들 만큼 어마어마한 양의 정보와 특징을 가지고 있는 한 인간을 어떻게 단 4개의 등급으로 평가할 수 있단 말인가.

세계 인구는 2021년 8월 현재 78억 명가량 된다. 당신에 대한 상사의 평가는 78억 명 중 한 명의 평가일 뿐이다. 78억 명 중 한 명의 평가가 당신에게 그렇게 중요할까?

모든 사람에게 인정받지 않아도 된다. 이상한 사람에게는 더더욱 그렇다. 존경할 만한 사람, 상식적인 사람, 내가 인정받고 싶은 사람에게만 인정받으면 된다. 공자孔子의 말처럼 좋은 사람들에게는 사랑받고 나쁜 사람들에게는 미움받는 사람이 진정으로 훌륭한 사람이다.

이럴 땐 이런 마음

상사 같지도 않은
저 인간이 지금 내게 하는
평가는 78억 명 중
한 명의 평가일 뿐이야.
가볍게 무시해주자.

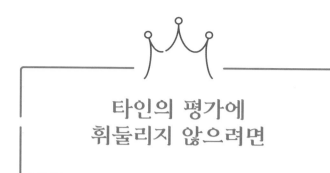

타인의 평가에
휘둘리지 않으려면

직장인 L씨는 상사 때문에 심리 상담을 받고 있다. 입사
초기에는 상사와의 관계가 좋았다. 심지어는 상사가
L씨를 이 부서, 저 부서 데리고 다니며 사람들에게 폭풍
칭찬을 하기까지 했다.
"L씨는 정말 일을 잘해요. 얼굴도 예쁘고요."
가는 곳마다, 만나는 사람들마다 L씨 칭찬을 하는
바람에 L씨의 어깨가 으쓱해질 정도였다. 자신이 정말

능력 있고 훌륭한 직원이 된 것 같은 기분이었다.

사회생활에 자신감이 붙으면서 별것 아니라는 생각도
들었다. 그런데 문제는 뜻하지 않은 곳에서 발생했다.
L씨의 연차가 쌓이고 점차 일이 늘면서 업무에 집중하는
시간이 필요해지면서부터였다. 하지만 상사는 그런
L씨의 사정에 아랑곳하지 않고 업무시간 중에 틈만 나면
L씨에게 다가와 이 얘기 저 얘기 늘어놓았다. 가뜩이나
일에 치여 바빠 죽겠는데 미칠 노릇이었다. 그렇다고
상사에게 "제발 꺼져주세요"라거나 "죄송한데, 지금 제가
무척 바쁘니 나중에 얘기하면 안 될까요?"라고 대놓고
말할 수도 없는 노릇이었다. 상사가 다가오면 눈살이
찌푸려졌지만 일단 이야기는 들어주었다. 하지만 눈치
없는 상사는 5분, 10분, 심지어는 30분 이상씩 L씨의
시간을 잡아먹었다. 그런 날이 계속되자 L씨도 상사의
이야기를 조금씩 건성으로 듣기 시작했다.

그 후부터였다. 상사는 L씨에 대해 험담을 하고 다니기
시작했다. "요즘 L씨 근무 태도가 너무 안 좋아." "L씨가
예전 같지 않아." 같은 험담이었다. 다른 직원들에게서
상사가 그런 험담을 하고 다닌다는 이야기를 전해 들을

때마다 L씨는 억장이 무너지는 기분이었다. 맡은 업무를 잘하고 싶어 그런 것인데 이런 식의 모함을 받으니 너무나 억울했다.

L씨의 자존감은 점점 바닥으로 떨어졌다. 자신이 못난 사람이 된 듯했다. 능력도 미래도 희망도 없는 사람처럼 느껴졌다. 시간이 갈수록 그런 기분은 주체할 수 없을 만큼 깊어졌고, 결국 혼자 버티기 힘들어 심리 상담을 받으러 오게 되었다.

이런 사례는 의외로 많다. 타인에 의해 자신감을 잃고 자존감까지 상처 입은 사람들 말이다. 자신감과 용기를 주었던 사람이 자신을 험담하고 다닌다는 사실을 나중에 알게 되면 그렇게 될 수밖에 없다. 그 상대가 상사라면 더욱 그렇다.

자존감을 형성하는 데 타인의 평가는 큰 영향을 미친다. 혼자 살아가는 세상이 아니니 말이다. 인생은 어쩌면 평가의 연속이다. 매 순간 평가를 받는다. 성적으로 평가받고, 외모로, 학벌로, 성격으로, 재산으로, 매너로 평가받는다. 이왕이면 좋은 평가, 좋은 소리를 듣고 싶은 건 인간의 당연한 심리다. 하지만 타인의 평가에 너무

의존하면 안 된다. 그들의 평가는 지극히 개인적이고 주관적이기 때문이다.

사람마다 가치관, 인생관, 경험, 환경, 유전적 요인, 신체 조건, 능력은 모두 다르다. 자신이 가진 그런 특성이 타인에 대한 평가에 개입될 수밖에 없다. 그러니 그들에게 내 자존감을 맡길 이유가 없다. 나 자신도 나를 잘 모를 때가 있는데 어떻게 그런 사람들이 나를 단정 짓고 정의하고 평가하겠는가. 그들에게 내 자존감이 휘둘리도록 놔두는 일이야말로 자존심 상하는 일이다.

그렇다면 다른 사람의 평가에 휘둘리지 않으면서 내 자존감을 지키려면 어떻게 해야 할까?

첫째, '나는 나 자체로 소중하고 가치 있는 존재'라고 생각하자. 인본주의 심리학의 대가 칼 로저스Carl Rogers는 다음과 같이 말했다.

"흥미로운 모순은 내가 나 자신을 있는 그대로 받아들일 때 내가 변화할 수 있다는 사실이다."

현재의 나를 있는 그대로 인정할 줄 알아야 내가 되고 싶은 내가 될 수 있다. 현재의 나를 있는 그대로 받아들이고 그 자체로 소중하게 생각하자. 내가 가지고

있는 단점과 약점을 그대로 인정하자. 남들의 인정이
아닌 내 스스로가 나에게 하는 인정이다. 그런 과정을
통해 좀 더 단단한 나만의 자존감을 형성할 수 있다.
둘째, 스스로 자신의 장점을 발견해야 한다. 우리는
누구나 수많은 장점을 가지고 있다. 다만 그 장점을
장점으로 볼 줄 모를 뿐이다. 나는 표정이나 행동으로
감정이 잘 드러나는 편이다. 이것은 장점일까, 단점일까?
정답은 없다. 상황에 따라서 다를 수 있기 때문이다.
사회생활을 할 때는 단점으로 작용할 수 있다. 싫어하는
상사 앞에서 싫은 감정이 고스란히 노출되기 때문이다.
하지만 장점으로 작용할 때도 있다. 바로 심리 상담을
할 때다. 내담자(심리 상담을 받는 사람)의 고민에 나의
감정을 더 솔직하고 자연스럽게 표현할 수 있다. 그런
만큼 내담자에게 더 깊이 공감하고 반응해줄 수 있다.
어떤 상황에서, 또는 어떤 사람에게는 단점으로 보일 수
있는 부분이 또 다른 상황과 사람에게는 충분한 장점이
될 수 있다.
셋째, 자신만의 소신과 철학을 만든다. 그러면 다른
사람의 평가에 휘둘리지 않는다. 설령 다른 사람에게

안 좋은 얘기를 듣더라도 나의 소신에 따라 판단하고
행동했다면 후회하지도, 흔들리지도, 전전긍긍하지도
않는다. 그것이 다른 사람에게 피해를 주지 않고
윤리적으로 아무 문제가 없다면 말이다. 어떤 경우에는
이런 행보 때문에 다른 사람들의 비난, 비방, 음해를 받을
수도 있다. 어쩔 수 없다. 아무리 좋은 마음으로 행동해도
그런 잡음은 언제나 일어날 수 있기 때문이다. 비바람이
몰아지는 들판에서 나를 이끌어줄 정신적 나침반,
맹수가 으르렁거리는 들판에서 나를 지켜줄 의식은 바로
흔들리지 않는 나의 소신과 철학이다.

넷째, 타인의 칭찬을 있는 그대로 받아들인다. 칭찬을
받으면 유난히 쑥스러워하는 사람들이 있다. 얼굴이
빨개지거나 얼른 말을 돌린다. 칭찬에 익숙하지 않기
때문이다. 사실 나도 그렇다. 어떻게 반응해야 할지
모르겠다. 자신에 대한 칭찬을 믿지 않고 부정하는
사람들도 있다. '에이, 정말 그렇게 생각하겠어? 그냥 나
듣기 좋으라고 하는 소리겠지.' 하면서 말이다. 물론 그럴
수도 있다. 그런데 설령 빈말이라 해도 뭐 어떤가. 내
기분이 좋고 나에게 긍정적인 영향을 준다면 그것으로

족하다. 진정한 칭찬을 만드는 것은 칭찬을 하는
사람이 아닌 칭찬을 받는 사람이다. 칭찬이 진짜인지
가짜인지보다 그 칭찬을 대하는 마음이 중요하다.

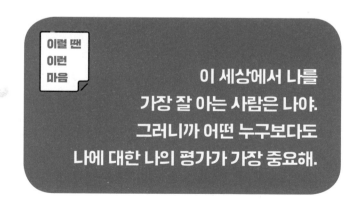

이럴 땐
이런
마음

이 세상에서 나를
가장 잘 아는 사람은 나야.
그러니까 어떤 누구보다도
나에 대한 나의 평가가 가장 중요해.

누구야, 내 험담을
하고 다니는 인간이?

직장생활은 언제나 힘들지만 그중에서 나에 대한
소문만큼 힘든 것도 없다. 헛소문이라면 더더욱
그렇다. 그런 소문은 평판과도 직결되기 때문에 아무리
강심장이라도 신경이 안 쓰일 수 없다. 아무리 업무
능력이 뛰어나고 실적이 좋아도 평판이 좋지 않으면
불이익을 받을 수 있기 때문이다. 직장생활을 하면서
헛소문 때문에 스트레스받았던 경험은 누구나 한 번쯤

있었을 것이다. 나 역시 그랬다. 큰 조직은 큰 조직대로
작은 조직은 작은 조직대로 소문이 돌았다. 참으로
답답하고 억울했다. 분노가 끓어오르기도 했다. 그런데
가만히 생각해보자. 다른 사람들이 내 소문에 대해서
정말 그렇게 신경을 쓰고 있을까? 결론부터 말하면 내
소문에 대해 나만큼 신경 쓰는 사람은 아무도 없다.
어느 날 출근길에 있었던 일이다. 내 바지 엉덩이 쪽에
조그마한 구멍이 났다는 걸 발견했다. 그때부터 모든
신경이 그 구멍에 집중되었다.
'어쩌지? 사람들이 쳐다볼 텐데…. 집으로 돌아갈까?
이미 많이 와버렸는데 그럴 수도 없고…. 가는 길에
바지를 하나 살까? 세탁소에 들러서 바지를 하나
빌릴까?'
오만 가지 생각이 들었다. 하지만 대책이 없었다. 결국
구멍 난 바지를 입고 그대로 출근했다. 다행히 사무실에
실과 바늘이 있는 동료가 있어 얼른 화장실에 들어가
바지를 꿰맬 수 있었다.
그런데 지금 생각해보면 그때 출근길에 내 바지에 난
구멍을 본 사람이 얼마나 될까 싶다. 한 명도 못 봤을

수도 있다. 누가 그 바쁜 출근 시간에 남의 엉덩이를 쳐다보고 있겠는가. 나도 그렇게 오랫동안 직장생활을 했지만 구멍 난 바지를 입고 출근하는 사람을 단 한 번도 본 적이 없다. 하지만 구멍 난 바지를 입었던 사람은 있었을 것이다. 대부분의 사람들은 지하철에서 보통 졸거나 책을 보거나 휴대전화를 만지작거리기 때문에 다른 사람의 엉덩이를 쳐다볼 시간이 없다.

그럼에도 우리는 다른 사람들이 나를 쳐다보고 평가할 것이라고 생각한다. 다른 사람들의 시선과 평가에 많은 관심을 갖는다. 사회심리학에 이를 뒷받침하는 이론이 있다. 스포트라이트 효과spotlight effect 가 그것이다.[2]

사람들이 관심을 갖는 것 이상으로 그들이 자신에게 관심을 갖는다고 생각하는 경향을 말한다. 미국 코넬대학교 사회심리학 교수 토머스 길로비치Thomas D. Gilovich 박사는 다음과 같은 실험을 했다. 일련의 학생들에게 그림과 같은 우스꽝스러운 티셔츠를 입게 했다. 티셔츠 앞면에는 1970년대에 활발히 활동한 가수 배리 매닐로Barry Manilow의 얼굴이 프린팅되어 있었다.[3] 티셔츠를 입은 학생들에게 물어봤다.

"이 티셔츠를 입고 사람들이 있는 방에 들어가면 몇
퍼센트 정도의 사람들이 나중에 이 티셔츠를 알아볼 것
같아요?"
티셔츠를 입었던 학생들은 평균적으로 50퍼센트의
사람들이 자신이 입은 우스꽝스러운 티셔츠를 알아볼
것이라고 답했다. 실제 결과는 어떠했을까? 결과는
10퍼센트. 대문짝만 한 얼굴이 그려진 우스꽝스러운
티셔츠도 10명 중 1명만 알아차리는데, 내 바지에
났던 구멍을 대체 누가 알아볼 수 있었겠는가. 소문도
마찬가지다. 내 소문이니까 나는 그 소문에 당연히
민감하다. 그러다 보니 만나는 사람들이 모두 내 소문을

알고 있을 것만 같다. 하지만 사실은 그렇지 않다. 다들
자기 삶을 사느라 바쁘다. 나는 그들의 모든 관심을 받을
만큼 인기 스타가 아니다. 니체 역시 "사람은 타인을
자신의 관객으로 생각하는 경향이 있다"고 말했다.
누구나 자신이 주인공이라 생각한다. 그래서 사람들이
주인공인 나를 바라본다고 생각한다. 그러나 그들 역시
마찬가지다. 그들도 다른 사람들이 자신을 바라본다고
생각한다. 결국 저마다 자신만 바라보고 있는 셈이다.
그러니 나에 대한 소문, 특히 안 좋은 소문에 대해 신경을
곤두세우지 않아도 된다. 그런 헛소문은 시간이 지나면
자연히 사라진다. 그러니까 '그러려니' 하는 마음도
필요하다.
사람들이 많이 모이는 곳에서는 그곳이 어디든
누군가에 대한 뒷담화가 있고, 근거 없는 소문이 난다.
그것이 인간과 집단의 속성이라고 생각하면 마음이
편안해진다. 물론 뚜렷한 의도를 가진 악의적인 비방과
모욕에는 적극적인 대응도 필요하지만, 그저 뜬소문이나
헛소문에는 여유롭게 대처하는 것도 좋은 방법이다.
나에 대한 소문을 날씨처럼 생각하면 어떨까? 내

마음대로 어찌할 수 없는 일이라 생각하는 것이다. 좋은 날은 좋은 대로, 비 오는 날은 비 오는 대로 그러려니 쿨해지자. 쉽지는 않지만 습관처럼 노력하다 보면 여유 있는 마음을 가질 수 있을 것이다.

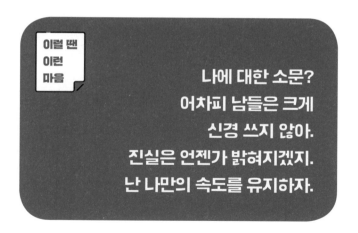

이럴 땐
이런
마음

나에 대한 소문?
어차피 남들은 크게
신경 쓰지 않아.
진실은 언젠가 밝혀지겠지.
난 나만의 속도를 유지하자.

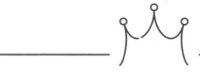

성공에 집착하는
그대에게

'부러우면 지는 것'이라는 말이 있다. 그런 의미에서
대부분의 직장인은 매일 진다.

'저 나이에 저렇게 빨리 승진하다니, 부럽다.'
'저 친구는 우수사원상을 또 받네. 부러워.'
'전략기획팀 팀장이 됐다고? 부럽다, 부러워.'
'팀장님한테 총애를 받는구나. 부럽다.'

'온 가족을 데리고 해외 주재원을 가다니, 너무 부럽다.'

'저렇게 좋은 회사에 스카우트되다니, 부럽다.'

성공한 사람들을 부러워하다 보면 한도 끝도 없다.
나 역시 그랬다. 배까지 아팠다. 그러다 보면 한없이
초라해지는 자신을 본다. '난 왜 그렇게 하지 못했을까?'
'난 왜 그런 사람이 되지 못했지?' 하고 자책한다. 자신을
비하하고 못난 사람 취급하기도 한다.

회사생활을 할 때 나는 주재원을 그렇게 해보고 싶었다.
해외에서 살아본 경험이 없었기 때문이다. 아이들에게도
좋을 것 같았다. 해외에서 뛰놀고 공부할 수 있는 기회를
줄 수 있는 기회니까 말이다. 그래서 영어공부도 열심히
하고, 해외 근무 가능성이 높은 팀으로 옮겨보기도 했다.
그러나 쉽지 않았다. 무슨 이유에서 그랬는지는 몰라도
기회는 쉽게 오지 않았다. 너무 하고 싶었는데 하지
못하니, 해외 근무를 가는 사람들이 그렇게 부러울 수
없었다. 우리 아이들에게는 그런 좋은 기회를 주지
못하니 아이들에게 미안한 마음까지 들었다.

그런데 그런 사람들을 부러워하면 나만 손해라는 것을

깨달았다. 부러운 마음은 끝이 없다. 한 번 부러워하면 계속 부러워지기 때문이다. 그래서 마음을 바꾸기로 결심했다. 부러워 보이는 삶에도 분명 허점은 있다고, 보이는 것이 전부가 아니라고.

'평범한 삶은 좋은 일도 적당히 있고 안 좋은 일도 적당히 있다. 성공한 삶은 좋은 일도 많고 안 좋은 일도 많다.' 내가 내린 결론이었다.

성공한 삶에는 분명 좋은 일이 많다. 높은 보수와 사회적 지위, 많은 기회, 자신감 등 이루 말할 수 없는 보상이 따라온다. 하지만 좋은 점만 있는 건 아니다. 높은 보수를 받는 만큼 지출도 많을 것이다. 사회적 지위를 유지하기 위해 신경 써야 할 부분도 많고 부담감도 클 것이며, 엄청난 노력을 해야 한다. 어떤 일이든 명암이 있다는 사실을 떠올리면 무언가를 무턱대고 부러워하지 않게 된다. 지금은 성공한 사람보다 자신의 삶에 행복을 느끼는 사람이 부럽다.

"산이 높으면 골도 깊다"고 했다. 주식도 상한가를 칠수록 하한가를 칠 가능성이 높아진다. 높이 올라갈수록 떨어질 가능성도 높아지는 것이다. 세상은 그렇게 돌아간다.

그래서 공평하다. 성공하는 사람은 실패할 가능성이 많아지고, 실패하는 사람은 성공할 가능성이 많아진다. 이것이 우리의 삶이 작동하는 원리가 아닐까? 작가 조지프 헬러Joseph Heller는 다음과 같이 말했다.

"성공과 실패는 모두 오래가지 않는다. 성공에는 마약과 이혼, 불륜, 괴롭힘, 여행, 명상, 약, 우울, 신경증, 그리고 자살이 따라온다."

물론 성공한 사람 누구를 불문하고 이런 불행이 찾아온다는 뜻은 아니다. 우리가 생각하지 못한 반갑지 않은 손님이 성공과 함께 찾아온다는 사실을 잊지 말자는 조언일 것이다.

어니스트 헤밍웨이Ernest Hemingway의 소설《노인과 바다The Old Man and the Sea》에서 주인공 노인은 큰 물고기와 바다에서 사투를 벌인다. 사투 끝에 물고기를 잡았고, 물고기를 배에 묶어 육지로 향한다. 하지만 기쁨도 잠시, 육지에 도착했을 때는 상어 떼가 이미 물고기를 거의 먹어 치운 상태였다. 노인은 말한다.

"좋은 일은 결코 오래 지속되지 않는 법이야."

큰 성공이 찾아왔을 때 상어가 함께 오기도 한다는 점을 잊지 말자. 힘든 상황에 처할 때 너무 낙담하지 말자. 성공이든 실패든 하나가 왔다면 그다음은 다른 것이 올 차례다.

성공한 사람들은
그만큼 피곤하고 챙겨야
할 것도 많아.
적당히 성공하고 적당히 행복한 내가
진짜 성공한 사람이야.

상사 눈치 보기는 이제 그만,
내 감정에 자신감 갖기

직장생활을 하다 보면 상사의 기분을 살피게 될 때가
많다. 팀장에게 업무 보고를 해야 하는데 그날따라 팀장
기분이 안 좋아 보이면 망설이게 된다. 하루 종일 팀장의
표정을 살피고, 괜히 말 걸기도 조심스러워진다. 보고를
할 엄두가 안 난다.

나 또한 그런 눈칫밥을 먹은 적이 있다. 아침부터 선임의
기분이 안 좋아 보였다. 선임의 기분이 나쁘면 사무실

분위기 전체가 가라앉는다. 그가 자리를 비웠을 때
옆자리 동료에게 슬쩍 물어보았다.

"오늘 선임 표정이 왜 저래요?"
동료가 목소리를 낮춰 답했다.
"기분이 안 좋아요."
"왜요?"
"모르죠. 출근할 때부터 저래요."

순간 멍했다. 물론 개인적으로 안 좋은 일이 있을 수
있다. 하지만 그렇다고 사무실 분위기가 가라앉을 정도로
자신의 기분을 드러내야 하나? 자신의 기분을 온 회사에
다 표출하면서 부하 직원들 인사까지 제대로 안 받아야
하나? 동료도 나와 비슷한 생각이었다.
"자기가 기분이 안 좋으면 안 좋은 거지, 왜 저렇게 티를
내요? 나도 선임 기분 알고 싶지 않다고요."
맞는 말이다. 내가 주위 사람의 기분을 속속들이 알아야
할 의무는 없다. 내가 사람들의 기분에 따라 말을 하고
행동해야 할 의무 또한 없다. 그런데 상사라는 위치에

있으면서 자기 기분으로 온갖 사람들이 다 눈치 보게
만드는 건 또 다른 형태의 갑질이다. 상사일수록 부하
직원의 감정을 살피고 그들이 좋은 기분으로 업무에
집중하고 성과를 낼 수 있도록 도움을 주어야 하지
않을까? 그것이 상사이자 리더의 역할 아닐까?

조금 억울하지만 부하 직원은 상사의 기분에 크게
영향을 받는다. 그의 기분이 좋으면 나도 좋고 그의
기분이 좋지 않으면 나도 좋지 않다. 상사의 기분과
태도에 감정적으로 종속되어 있다고도 볼 수 있다. 혹시
당신도 감정적 종속 상태에 놓여 있는가? 상사의 기분을
지나치게 살피고 있는가?

내 기분을 다른 사람이 공감해야 할 이유는 없다.
사회생활을 하면서 내 기분대로 행동해서도 안 된다.
마찬가지로 상사의 기분을 부하 직원에게 강요할 수
없고, 상사의 기분에 따라 부하 직원이 행동해야 할
이유도 없다. 상사가 의도했건 의도하지 않았건 자신의
기분 때문에 주위 사람들에게까지 불편함을 끼친다면
너무나 유아적인 행동이다. 부하 직원들은 일을 하러
출근했지 상사의 기분을 살피러 출근하지 않았다는 걸

명심해야 한다.

그렇다면 상사의 기분이 나쁠 때 부하 직원은 어떻게 대처해야 할까? 용기를 내야 한다. 상사의 기분과 내 일을 구분하는 용기 말이다. 상사의 기분이 아무리 안 좋아 보여도 그것이 내 일에 영향을 미치도록 내버려 두어서는 안 된다. 상사의 기분을 살피다가 업무가 늦어지면 피해는 고스란히 내게 돌아오기 때문이다. "팀장님 기분이 안 좋아서 업무를 제때 마무리하지 못했어요"라는 핑계를 댈 수는 없지 않은가. 상사의 기분이 아무리 안 좋아 보여도 할 말은 해야 하고, 상사가 아무리 우울해 보여도 보고할 건 보고해야 한다. 물론 쉬운 일은 아니지만 말이다.

상사 입장에서도 그런 똑 부러지는 부하 직원이 오히려 자신의 감정을 정리하는 데 좋다. 기분이 안 좋을 때 일에 몰두하면 불쾌하고 우울했던 감정이 둔해질 수 있기 때문이다. 사람의 인지 능력에는 한계가 있기 때문에 한 번에 많은 생각을 할 수 없다. 한 번에 많은 고민을 할 수 없는 것처럼 말이다 "큰 그림자가 작은 그림자를 덮는다"는 독일의 철학자 쇼펜하우어Arthur Schopenhauer 의 말을 떠올려보자. 그는 고민을 그림자에 비유했다. 작은 그림자가 큰 그림자에 덮이는 것처럼 작은 고민은 큰 고민에 묻힌다. 다른 고민, 다른 생각을 하다 보면 문득 해결책이 떠오르기도 하고 자연스레 문제가 해결되기도 한다. 마음이 복잡할 때 운동을 하는 것도 마찬가지 이유다. 고민에서 잠시 떨어지기 위해서다.

회사에서도 다르지 않다. 상사가 기분이 안 좋아 보인다고 해서 내버려둔다면, 그가 고민에 더욱 집중할 수 있는 상황을 만들어주는 것인지도 모른다.

상사의 기분이 아무리 안 좋아 보여도 적당한 타이밍에 찾아가 업무 보고를 하고, 필요한 일이 있으면 다가가 말을 시키는 것은 상사가 자신의 기분에서 잠시 벗어날 수 있는 기회를 주는 일이면서, 동시에 나는 내 일을 하게 되는 셈이다. 만약 상사가 필요이상으로 짜증을 내거나 부정적인 피드백을 준다면?

"이게 뭔가?"

"오늘까지 제출하라고 하셨던 보고서입니다."

"김 대리는 눈치가 있어 없어? 내가 지금 이걸 검토할 기분으로 보여?"

"급한 건이라고 반드시 오늘까지 제출하라고 하셔서요."

"놓고 당장 나가!"

어쩌면 이렇게 버럭 화를 낼 수도 있고, 업무 진행 상황에
대해 보고하는 당신을 쳐다보지도 않거나 듣는 둥 마는
둥 했다가 나중에 엉뚱한 일로 꼬투리를 잡아 딴지를
걸거나 핀잔을 줄지도 모른다. 그러거나 말거나 어쩔
수 없다. 어쨌거나 나는 할 일을 했으니 말이다. 상사의
기분을 살피느라 일을 제때 못하고, 그래서 나중에 업무
진행에 차질을 빚는 것보다는, 당시에는 욕을 먹더라도
할 일을 빠르게 처리하는 것이 훨씬 낫다. 그 일로 나중에
꼬투리를 잡힌다 해도 그 또한 어쩔 수 없다. 다른 사람을
배려하지 않고 자기 기분을 최우선으로 아는 상사라면
꼭 그 일이 아니더라도 어떤 일로든 꼬투리를 잡을 만한
인격의 소유자이기 때문이다.

상사가 개인적인 일로 기분이 안 좋다면 그건 그의
문제지 당신 때문이 아니다. 개인적인 감정으로
당신에게까지 영향을 미치는 상사라면 상사의 잘못이지

당신의 잘못이 아니다. 상사의 기분을 참고할 수는 있어도 상사의 기분에 좌지우지되어서는 안 된다. 당신은 상사의 기분을 맞추기 위해서가 아니라 일을 하기 위해 회사에 왔으니 말이다. 상사로부터의 감정 독립. 생각보다 중요한 문제다.

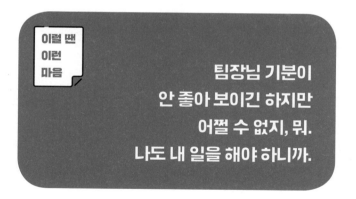

이럴 땐 이런 마음

팀장님 기분이
안 좋아 보이긴 하지만
어쩔 수 없지, 뭐.
나도 내 일을 해야 하니까.

Respect the line in the office life

2장

너무 속 보이는
상사의 의도에
넘어가지 않는 법

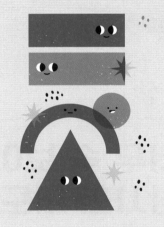

팀원들에 대해 물어보는 상사, 사실대로 말해도 될까?

"최 과장, 요즘 다른 팀원들은 좀 어때요?"

김 팀장은 오늘도 밉상이다. 사무실에 최 과장과 단둘이 있는 틈을 타 최 과장에게 접근해서 은밀히 직원들의 상태를 물어본 것이다. 최근 사무실 분위기를 살피기 위해서였다. 최 과장은 당황스럽다.

'이게 무슨 뜻이야? 다른 직원들은 어떻냐고? 직원들을 평가해달라는 말인가?'

잠시 생각에 잠겼던 최 과장은 무난하게 대답했다.

"다들 열심히 일하고 있어요. 별 일은 없습니다."

김 팀장은 난데없이 왜 이런 질문을 던졌을까?

하버드대학교 심리학자 조이스 베네슨Joyce F.
Benenson에 의하면 남성은 다른 남성에게 제압당하는
것을 두려워하는 반면, 여성은 따돌림당하는 것을
두려워하는 경향이 있다고 한다.[4]

즉 여성은 다른 사람에게 제압당할지언정 따돌림당하는
것은 못 참는다는 것이다. 그래서였을까?

김 팀장은 네 편, 내 편을 확인하기 위한 질문 "최 과장,
요즘 다른 팀원들은 어때요?" 같은 질문을 종종 던졌다.

참으로 애매하고 모호한 질문이다. 왠지 동료의 흠이라도
찾아 말해야 할 것 같은 압박감이 든다. 무난하게
대답하고 싶지만 왠지 팀장의 기대에 부응하지 못하는
것 같다. 그렇다고 다른 직원에 대해 안 좋은 얘기를
하자니 뒷담화를 하는 것 같아 꺼림칙하다.

이런 상황을 여러 번 겪으면서 나는 나름대로 노하우가
생겼는데, 질문하는 사람의 의도를 잘 파악해야 한다는
것이다. 그러니까 물어보는 사람에 대한 신뢰에 따라

답변이 달라져야 한다. 질문을 던진 상사가 믿을 만하다면 솔직히 말해도 좋다.

"서 차장님은 좋으신 분인데, 가끔 업무 공유를 제대로 해주시지 않습니다. 그래서 유관부서 앞에서 바보가 된 것 같은 기분이 들 때가 있어요."

신뢰할 수 있는 팀장에게 업무 진행에 관한 어려운 점을 털어놓으면 도움을 줄 뿐만 아니라, 다른 사람에게 이야기를 전하지도 않을 것이다. 주의할 점은 그 사람에 대한 인성이나 개인적인 감상을 이야기하는 것이 아니라, 그와 관련된 업무의 불편함과 어려움을 토로해야 한다는 것이다. 하지만 믿을 만한 상사가 아니라면 얘기가 달라진다. 그때는 뒷담화를 하고 싶은 직원이 있어도 무난하게 대답해야 한다.

"다들 좋은 분들이세요. 덕분에 잘 지내고 있습니다."

믿지 못할 상사에게 업무에 불편을 주는 상사나 동료에 대해 토로해봤자, 문제를 해결해줄 가능성은 매우 낮다. 오히려 그 이야기를 악용할 가능성이 있다. 솔직히 말했다가 오히려 약점을 잡히고 만다. 언제나 편 가르기를 하고 싶어 하고 동료들에 대해 미주알고주알

궁금해하는 상사에게는 솔직하지 말아야 한다. 우리를
구원해주고 싶어서 그런 질문을 던지는 것이 아니라,
자신의 편익을 위해 부하 직원들을 이용하려는 의도일
뿐이니까 말이다.

"누울 자리를 보고 발을 뻗어라"라는 옛말이 있다. 상황을
봐 가면서 행동하라는 의미다. 어떻게 말해야 할지
판단이 서지 않는다면 "팀장님, 죄송한데 생각해보고
나중에 말씀드려도 될까요?"라고 양해를 구하는 것도
좋은 방법이다.

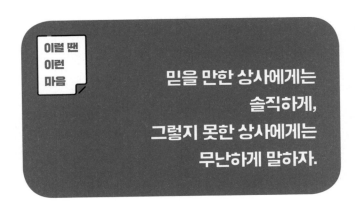

이럴 땐 이런 마음

믿을 만한 상사에게는
솔직하게,
그렇지 못한 상사에게는
무난하게 말하자.

편 가르기는 이제 그만!
한 번만 더 편 가르면
당신을 가르고 싶어질지도

전 직장에서 있었던 일이다. P 팀장은 오늘도 편
가르기에 혈안이 되어 있다.

"최 과장님, 오늘 점심 뭐 먹었어요?"

P 팀장은 꼭 단둘이 있을 때 대화를 시도했다. 접선을
시도한다고 표현하는 것이 더 맞는 말이다. 그만큼
비밀스럽게 은밀히 말을 걸어왔다. 대화의 가장 큰
목적은 '떠보는 것.' 상대방이 자기편이 될 수 있는지

아닌지 슬쩍 떠보기 위한 대화다. 오래전부터 계속 되어왔던 버릇이다. 우리 팀원은 모두 다섯 명이었는데, 그는 다섯 명을 편 가르는 데 아주 큰 역할을 했다. 센터의 팀장이라면 팀을 한 방향으로 이끌고 화합하고 통합하는 데 최선을 다해야 할 텐데 P 팀장은 통합 대신 분열과 파벌을 택했다. 항상 누군가를 자기편으로 만들어야 불안하지 않은 모양이었다. 자기편이라는 확신이 들면 품어주었지만 아니라는 판단이 들면 그 팀원을 철저하게 배척했다.

니체가 말한 것처럼 조직이나 파벌은 사고방식까지도 보통 사람의 틀 안에 가두어버린다.

하지만 직장생활을 하다 보면 편 가르기를 흔히 볼 수 있다. 어느 조직에나 영향력 있는 사람과 그룹은 있기 마련이다. 그들의 인성이 괜찮다면 딱히 문제될 일은 없다. 약자를 배려하고 집단에서 소외받은 사람들을 배려할 가능성이 높다. 그들은 너무 티 나게 몰려다니지도 않는다. 문제는 인성은 쓰레기인데 영향력이 있는 개인이나 집단이다. 그들은 자신들의 이익이 우선이다. 약자를 괴롭혀 자신의 이익을

추구한다. 그들은 자기 집단에 속해 있지 않은 자들을
배척할 가능성이 높다. 사람을 판단할 때 '네 편 내
편'을 먼저 따지는 사람들이다. 심한 경우에는 직장 내
왕따도 주도한다. 편 가르기는 어쩌면 인간의 본능인지도
모르겠다. 유치원 시절부터 고등학교 때까지, 심지어
대학교와 직장에서까지 따돌림당하는 사람은 항상
존재하니까 말이다.

누군가가 나에게 편 가르기를 시도할 때 어떻게
대처해야 할까? 편이 되어주자니 다른 직원들의 반응이
걱정되고, 편이 되기를 거절하자니 후환이 두렵다. 가장
좋은 방법은 소신껏 판단하고 행동하는 것이다. 당신이
생각하기에 그가 실제로 영향력이 있고 인간적으로도
매력적이어서 나에게 도움이 될 것 같다면, 그리고 다른
사람에게 피해를 주지 않는다면 손을 잡아도 된다.
반대 상황이라면 물론 과감히 손을 뿌리쳐야 한다.
중립을 선택하는 것도 나쁘지 않다. 누구의 손도 잡지
않는 것이다. 누구의 손도 잡지 않지만 누구의 손도
떨치지 않아도 된다. 중립국이 되는 것이다. 스위스나
스웨덴처럼 말이다. 물로 따지면 뜨겁지도 차갑지도

않은 상태다. 물론 미지근한 입장이 상대방의 마음에
안 들 수 있다. 회색분자처럼 보이니까 말이다. 하지만
길게 봐야 한다. 한쪽 손을 잡았다는 것은 다른 편의 적이
생겼다는 의미다. 그러니 어디에도 속하고 싶지 않다면
편 가르기를 시도하는 사람에게 이런 메시지를 전달하면
된다.

"난 네 편이 되고 싶지 않은 것이 아니라 편을 나누는 것
자체에 관심이 없어."

일단 중립국의 지위를 인정받으면 여러모로 편하다.
조직 내 파벌 싸움에 휘말릴 필요가 없고 여기저기 눈치
보지 않아도 된다. 특정 파벌이 승승장구할 때 이익을
얻지 못하겠지만 특정 파벌이 몰락할 때 피해를 볼 일도
없다. 술에 술 탄 듯, 물에 물 탄 듯 그렇게 지내는 것이다.
적당히 월급 받고 적당히 출근하고 적당히 퇴근하고
적당히 일하고 적당히 사람들과 어울리는 편이 급격한
롤러코스터를 타는 것보다 훨씬 낫다. 최고의 직장인은
'최고'를 추구하는 것이 아니라 '적당함'을 추구한다.
아주대학교 심리학과 김경일 교수는 직장에서 누군가를
따돌리는 심리를 가리켜 불안하기 때문이라고 분석했다.

누군가로부터 분리되고 따돌림당할 수 있다는 불안감 때문에 다른 사람을 따돌리려 한다는 것이다.[5]

불안의 수준이 높으면 그럴 수도 있다. 그러니 접선을 시도해오는 자를 가엽게 여기고 적당한 거리를 유지하자.

"최 과장, A씨 어때?"

"A씨요? 직장생활 열심히 하죠. 잘 지내고 있습니다."

이럴 땐 이런 마음

저에게 누구 편인지 묻지 마세요. 저는 당신 편도 아니고 다른 사람 편도 아니에요. 저는 그냥 조용히 회사생활을 하고 싶습니다.

오늘도 외모를 지적하는 과장님, 나는 당신의 인생을 지적하고 싶어요

직장인 K씨는 오늘도 마음이 불편하다. 점심시간에 선임 H를 어떻게 대해야 할지 걱정되기 때문이다. H는 걸핏하면 얘기한다.

"K씨는 운동 안 해? 집 근처에 헬스장 없어?"

K씨는 어이가 없다. 자기에게 운동을 강요하는 것처럼 느껴지기 때문이다.

'지가 뭔데 운동을 하라 마라야?'

하지만 선임이라 기분 나쁜 티를 낼 수도 없다. 그렇다고 매번 저런 얘기를 참고 넘어가자니 울화가 터질 지경이다. K씨 본인도 운동을 해야겠다는 생각을 하곤 한다. 최근 석 달 동안 몸무게가 꽤 늘었기 때문이다. 하지만 운동을 하고 안 하고는 자신이 판단할 문제다. 상사라는 이유로 운동을 하라 마라 할 권리는 없다. 특히 업무가 아닌 외적인 부분으로 이래라 저래라 하는 게 들을수록 기분 나쁘다.

의외로 굉장히 많은 사람들이 직장에서의 외모 평가 때문에 스트레스를 받는다. 요즘에는 외모가 자기 관리의 지표로 여겨지고 외모가 경쟁력이 되기도 한다. 입사하려면 반드시 면접을 봐야 하는데 외모가 합격 여부에 영향을 미치는 건 분명하다. 단순히 아름답고 보기 좋은 외모를 얘기하는 것이 아니다. 친근함이나 신뢰감, 또는 따뜻해 보이는 외모가 좋은 평가를 받는다. 어쩔 수 없는 일이다. 하지만 입사해서까지 외모를 지적받고 평가받는 건 쉽게 받아들일 수 없다. 친하다는 이유로, 상사라는 이유로 아무렇지 않게 던지는 외모 평가는 하지도 말고 받아들이지도 말아야 한다.

외모에 대한 언급은 얼굴 생김새나 몸매 같은 신체에만
국한되지 않는다.

"오늘 예쁘게 하고 왔네. 끝나고 어디 가?"
"오늘 립스틱이 왜 이렇게 진해?"
"오늘 왜 이렇게 피곤해 보여? 화장 안 하고 왔어?"
"구두 색깔이랑 원피스가 잘 안 어울리는 것 같은데?"

이쯤 되면 패션 전문가나 메이크업 아티스트 수준이다.
회사에 일을 하러 온 건지, 외모에 대한 평가를 받으러 온
건지 구분이 안 간다.
한때 '얼평'이란 말이 유행한 적이 있다. '얼굴 평가'의
줄임말인데, 일반인들이 유투버나 BJ에게 자신의
얼굴이나 신체 사진을 보내 유저들에게 평가받는 방식을
일컫는 말이다. 이런 현상을 두고 황상민 심리학 박사는
"판단 능력을 상실한 현대인의 심리를 반영한 것"이라고
해석했다.[6]
외모를 평가하는 사람들의 심리는 무엇일까? 자신의
외모에 열등감을 느끼고 있을 가능성이 매우 높다.

상대의 외모를 지적하는 사람은 외모에 대해 관심이
많다. 남의 얼굴에 대해 지적하는 상사는 자신의 얼굴에
콤플렉스를 느끼고 있을 가능성이 높고, 남의 몸무게를
지적하는 동료는 체중에 대한 열등감이나 강박을
가지고 있을 것이다. 누구나 자신의 눈을 통해 상대방을
바라보기 때문이다. 의사이자 심리학자
카를 구스타프 융Carl Gustav Jung은 다음과 같이 말했다.
"우리 모두, 누구에게나 우리가 무시하고 회피하고픈
그림자가 있다."
여기서 '그림자'란 자신의 어두운 면, 즉 자신이 열등감을
느끼고 있는 부분을 가리킨다. 자신의 열등감을
타인에게서 발견하면 관심을 보이는 것이다. "뭐 눈에는
뭐만 보인다"는 말처럼 말이다.
중요한 건 외모에 대한 공격으로부터 나의 감정과
기분을 어떻게 보호하는가이다. 분명 문제는 상대에게
있지만 직장생활을 하면서 상대의 잘못을 대놓고
얘기하기란 쉽진 않다. 상대가 상사라면 더욱 그렇다.
그럴 때는 이렇게 생각해보자.

'남의 몸무게 가지고 이러쿵저러쿵하는 거 보니 저 인간이 몸무게에 강박이 있나 보네.'
'요즘 지가 살 빼려고 무지하게 신경 쓰나 보지?'

그러면 대놓고 남의 외모를 평가하는 한심한 상사의 말을 조금이나마 가볍게 넘길 수 있다. 이것만은 꼭 기억하자. 문제는 외모를 지적하는 상대에게 있을 뿐, 내 외모는 잘못이 없다는 사실을.

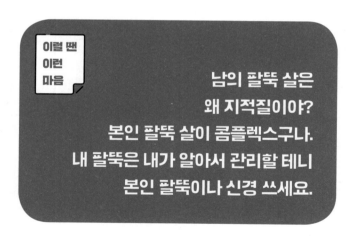

이럴 땐 이런 마음

남의 팔뚝 살은 왜 지적질이야?
본인 팔뚝 살이 콤플렉스구나.
내 팔뚝은 내가 알아서 관리할 테니
본인 팔뚝이나 신경 쓰세요.

험담과 맞장구의
적절한 지점은?

험담을 들을 때 기분이 어떤가? 나는 두 가지 감정이
올라온다. 우선 다행스럽다는 감정이다. 내가 그 험담의
주인공이 아니기 때문이다. 동시에 나에겐 그 험담의
이유에 해당되는 성향이 없는지 뜻하지 않은 자기
성찰을 해본다.

또 하나는 불편한 감정이다. 누군가에 대한 험담을 듣는
것 자체가 마음이 편할 리 없다. 험담의 주인공에게

미안한 마음이 들기도 한다. 험담의 대상을 만났을 때
그 내용이 떠오르기도 한다. 일종의 선입견이 작용하는
것이다.
하지만 어떤 직장에서든 험담은 늘 존재한다. 상사 욕은
당연하고, 동료나 신입에 대한 험담도 끊이질 않는다.

"B씨는 상사들한테만 인사를 잘해요. 볼 때마다
그렇더라고요."
"M 대리는 단체 생활을 하는 데 문제가 있는 것 같아요.
다른 사람을 도울 줄 모르던데요."

누군가의 인성, 행동, 실력 등 모든 것이 험담의
소재가 되곤 한다. 이런 험담에 대해 우리는 어떻게
대처하면 좋을까? 험담하는 사람에게 "험담은 듣고
싶지 않네요"라고 잘라 말할 수 있는 사람이 많지는
않을 것이다. 그 말을 한 순간, 당신은 그 사람과 멀어질
가능성이 높기 때문이다. 그러니 과도한 인신공격이나
폭력에 가까운 험담이 아니라면 적당히 맞장구치며
공감하는 자세도 필요하다. 직장에서의 원만한

대인관계를 원한다면 말이다.

공감받는 것을 싫어하는 사람은 없다. 머리끝까지 화가 났을 때를 떠올려보자. 혼자서는 도저히 화가 풀리지 않아 누군가에게 얘기한 적이 있을 것이다. 그런데 만약 상대가 내 이야기를 듣고도 별 반응이 없다면 정말 기운 빠진다. 내가 왜 이 얘기를 했나 싶고, 저 친구에게 나는 이것밖에 안 되는 사람인가 싶은 생각마저 든다.

직장생활을 할 때 있었던 일이다. 유관부서에 서류를 제출하러 가서 담당자와 이야기를 나누고 있는데 그 부서 팀장이 나를 불렀다. 무슨 일인가 하고 갔다가 선 채로 10분 넘게 이야기를 들었다. 별로 중요한 얘기도 아니었는데 앉으라는 말 한마디 없이 일장 연설을 늘어놓고, 간단히 말하면 될 것을 빙빙 돌려 말하니 기분이 썩 좋진 않았다. 근무하는 부서로 돌아와 한 동료에게 푸념을 했다. 짜증이 나서 그저 공감을 받고 싶었다. "어머, 웬일이야. 최 과장님 불편하셨겠네요." 이 한마디면 족했다. 그러나 예상은 보기 좋게 빗나갔다. 동료는 그 팀장이 왜 그랬는지에 대해 설명하기 시작했다. 욕이 입 밖으로 튀어나올 뻔했다. '내가 이런

얘기를 듣자고 너한테 말을 꺼낸 게 아냐!'라는 말이
입속에서 맴돌았다. 간신히 참았지만, 그 이후로 동료와
거리를 두고 지낸 기억이 난다. 서운한 감정도 있었지만,
그렇게 가벼운 험담도 이해하지 못하는 동료와는
앞으로도 편하게 대화할 수 없을 거라는 생각이 들었기
때문이다.

공감은 중요하다. 타인과 가깝게도 멀어지게도 할 수
있는 마법 같은 기술이다.

"그 팀장은 왜 그런 식으로 말하는 거야? 정말 기분 안
좋았겠다."

"정말 속상했겠다. 나라도 짜증났을 것 같아."

"그 일을 왜 과장님한테 시키는 거예요? 저도 좀 납득이
되지 않네요."

"그 부장님은 꼭 그런 식으로 말을 하더라고요. 부하 직원
기분은 생각하지도 않고 본인 기분만 생각하는 경향이
있어요."

이런 식으로 맞장구쳐준다고 해서 인격이 파괴되는 건

아니다. 누군가의 잘못으로 동료의 기분이 불쾌했고 어디 풀 데가 없어서 나에게 하소연하는데 공감 못해 줄 이유가 없다. 물론 그 험담을 다른 사람에게 전하지 않는 것도 중요하다.

공감은 인간관계를 유지하는 데 무척이나 중요한 덕목이다. 직장생활에서 뿐만 아니라 일상생활에서도 그렇다. 어느 날엔가 남자 후배가 단톡방에 톡을 보냈다. 화가 무척이나 많이 난 후배의 톡 내용은 이랬다.

"아침 출근길에 회사 엘리베이터를 탔어요. 엘리베이터 안에 젊은 남녀가 타고 있었는데 같은 건물에서 근무하는 사내 커플인 것 같더라고요. 근데 얼마 뒤에 얘네가 엘리베이터 안에서 스킨십을 하기 시작하는 거예요. 엘리베이터 안에 저랑 걔네밖에 없었거든요. 눈살이 찌푸려질 정도로 너무 심한 스킨십을 하는데 진짜 황당하더라고요. 일부러 언짢은 티를 냈는데도 안 멈춰요. 얼마 안 가서 여자가 먼저 내리고 그다음에 남자가 너무 태연하게 내리는데, 무슨 이런 황당한 일이 다 있어요?"

그 후배의 입장이 돼보았다. 나 같아도 울화가 치밀어 올랐을 것 같다. 무시당한 느낌이 들었을 것 같기 때문이다. 내가 투명인간도 아닌데 내 앞에서 태연하게 그럴 수는 없는 일 아닌가. 내가 겪은 상황은 아니지만 충분히 수치심과 모멸감을 느꼈을 것 같았다. 그래서 후배에게 톡을 남겼다.

"뭐 그런 XXX가 다 있어. 완전 XXX네. 내가 그 상황에 있었어도 진짜 열받았을 것 같아. 그런 XXX들은 지금도 좋다고 희희낙락거리고 있을 거야. 자기들 행동이 잘못됐다는 것도 모를걸. 야, 열은 받겠지만 너무 신경 쓰지는 마. 네 감정이 중요한 건데 그런 XXX들 때문에 너만 열받아서 기분 상할 필요는 없잖아."

후배는 고맙다는 톡을 남겼다. 자기는 분무기 같은 욕을 했는데 나는 바가지로 퍼부으며 욕을 했으니 말이다. 아마도 후배는 내 반응을 보면서 '그 상황에서 내가 그런 기분을 느낀 게 이상한 게 아니구나'라는 생각이 들었을

것이다. 적절한 맞장구는 단지 상대의 감정을 위로해주는
역할을 넘어서 상대의 감정이 정당하다고 긍정하는
역할도 한다. 맞장구와 공감은 그렇게 중요하다.
 공감을 받으면 내 감정의 정당성을 획득하는 것 같다.
내가 느끼는 감정이 이상한 감정이 아니라고 인정받는
느낌이 든다. 억눌린 에너지가 안에서 해소되는
느낌이다. 그러니 공감해준 사람에게 친밀감을 느끼고 더
가까워지는 계기가 되기도 한다. 적당한 공감과 맞장구가
필요한 이유다.

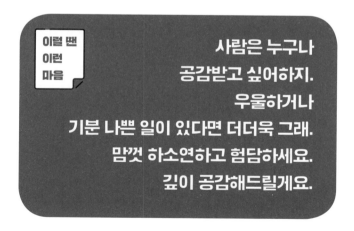

이럴 땐
이런
마음

사람은 누구나
공감받고 싶어하지.
우울하거나
기분 나쁜 일이 있다면 더더욱 그래.
맘껏 하소연하고 험담하세요.
깊이 공감해드릴게요.

팀장님의 인신공격에
오늘도 상상한다,
당신에 대한 신체 공격을

직장에서 인신공격을 당해본 적이 있는가? 함께
근무했던 동료 L이 실제로 겪은 일이다. L이 입사했을 때
전임자가 물었다.

"L씨는 어디 학회야?"
"저는 OO학회예요."
L의 대답을 들은 전임자가 떨떠름한 표정으로 말했다.

"아, 그래? 그렇구나. 근데 그 학회 자격증 따는 건 어렵지
않은 것 같던데."

"…."

L은 전임자에게 무시당한다고 느꼈다. 나중에 알고 보니
전임자는 L이 입사했을 때부터 경계를 했다고 한다.
직원이 늘면서 자신의 입지가 약화될 것 같은 두려움을
느꼈기 때문이라나.
상대방을 무시하는 투로 말하는 사람의 심리는
무엇일까? 자신의 감정을 표현하고 의견을 전달하는 데
서툰 사람일 가능성이 크다. 자신의 불쾌함과 불안함을
미성숙한 방법으로 표현하는 것이다. 이런 사람들은
자신의 감정과 의견을 표현하는 방법이 제한적이다.
인격적으로 성숙하지 못했다고 볼 수도 있다. 그래서
무엇보다 자신의 감정이 우선이다. 자신이 기분 나쁘면
상대를 무시하고 비방하기 시작한다. 정중하게 자기
의견을 표현할 수 있는 능력도 없거니와 할 필요도
없다고 생각하기 때문이다. 자신의 부정적인 의견을
표현하는 데 서툰 사람일수록 상대를 무작정 무시하는

경우가 많다.

"김 대리는 학부까지만 나와서 잘 모를 수도 있어. 나는
박사까지 해서 하는 얘긴데…."
"최 과장은 부모님 중에 외국인 분이 계셔?"
"강 대리는 고향이 시골이지? 서울 생활한 지는 얼마나
됐어?"

인신공격을 일삼는 사람들은 이렇듯 상대방의 학벌,
외모, 출신지 등을 지적하며 아무렇지 않게 무시하는
발언을 한다. 그들은 자신이 어떤 공격을 하고 있는지도
모른다. 문제의식이 없다. 스스럼없이 매번 상대를
비방하고 비하하는 것에 대한 자각이 없기 때문이다.
이런 그들의 망언을 언제까지 묵인할 수만은 없다.
침묵하면 상대는 그런 습관을 버리지 못한다.
물론 직장생활을 하면서 인신공격을 당했다고 해서 바로
대응하기는 쉽지 않다. 인신공격을 하는 사람이 상사일
수도 있고 영향력을 가진 사람일 수도 있기 때문이다.
악의를 증명하는 것도 문제다. 항의했을 때 "나는 나쁜

의도로 그런 말을 한 것이 아니다"라고 발뺌할 수도 있기 때문이다. 그렇더라도 참고만 살수는 없다. 좋은 게 좋은 건 아니다. 그러면 어떻게 대처해야 할까?

'I-Message'로 접근하는 것을 추천한다. I-message는 쉽게 말하면 "당신은 어떠어떠해"라고 말하는 것이 아니라 "나는 어떠어떠한 느낌이 들어"라고 말하는 것이다. 즉 내가 느낀 감정을 기준으로 얘기하는 것이다.

"팀장님께서 그렇게 말씀하시니까 제가 학부만 나와서 일 처리를 못한다는 것처럼 느껴집니다."

"제 부모님이 외국인이냐는 말은 무슨 뜻인가요? 그런 말을 들으니 당황스럽습니다."

"고향에 대한 질문은 왜 하시는 건가요? 그런 말씀을 하시니 저 스스로 위축되는 느낌이 드네요."

이렇게 나의 감정을 중심으로 이야기하는 것이다. 당신이 그렇게 말하는 것은 잘못되었다가 아니라 당신이 이렇게 말하니 내가 이런 기분을 느꼈다라고 말하는 것이다. 상대방의 행위에 대해 평가하는 방식으로 말하면 이야기가 쉽게 끝나지 않는다. 서로 생각이 다를 수 있기 때문이다. "도대체 내 말이 왜 기분 나쁘다는 거야? 뭐가 잘못됐다는 거지?" 하고 반문할 수도 있기 때문이다. 하지만 "당신이 그렇게 말하니 내 감정이 이랬다"라고 말하는 것은 상대가 왈가왈부할 수 없다. 내가 그렇게 느꼈다는데 뭐라고 할 것인가. 그래도 말꼬리를 잡고 자신의 태도를 문제 삼지 않는다면 그 사람은 단념해야 한다. 대화할 가치가 없는 사람이다. 최소한의 예의만 갖추며 대하면 된다.

이럴 땐
이런
마음

왜 저렇게 사람을
무시하는 투로 말할까?
이 사람은 자신의 감정을
표현하는 데 서툰 사람이야. 가엾네.
아직도 어른이 되지 못했군.

말을 자꾸 바꾸는
팀장님을 바꿔주세요

김 대리는 오늘도 열일 중이다. 새로 진행할 마케팅 캠페인안을 상신할 예정이다. 문제는 팀장의 말 바꾸기다. 팀장은 며칠 전에 분명히 이렇게 얘기했다. "이 캠페인은 공모전 형식으로 가는 게 좋겠어요." 김 대리는 그 말에 따라 캠페인안을 공모전 형식으로 준비했다. 하지만 팀장은 말 바꾸기의 달인이다. 얼굴색 하나 안 바꾸고 자신의 말을 뒤집는다. 이번에도 그렇게 나온다면 낭패다. 하지만 걱정은 현실이 되었다.

"이 캠페인은 그냥 선착순식으로 가는 게 좋겠어요."

미치고 환장할 노릇이었다. 캠페인 시작 날짜가 코앞인데 이제 와서 형식을 또 바꾸라니!

직장인이라면 비슷한 상황을 겪어봤을 것이다. 갑자기 말을 바꾸고 마음을 바꾸는 상사 때문에 곤란했던 경험 말이다. 마음이 바뀐 건지, 아니면 본인이 했던 말을 기억 못하는 건지는 알 수 없다. 어쨌든 부하 직원만 죽을 맛이다.

의외로 말을 바꾸는 상사들이 많다. 왜 그럴까?

첫째, 본인이 한 말을 기억하지 못하는 경우다. 자신은 그런 말을 한 적이 없다고 딱 잡아뗀다. 정말 그렇다고 생각하기 때문에 그만큼 당당하다. 부하 직원들만 미치고 환장할 노릇이다. 정말 기억을 못할 수도 있고 기억을 무의식적으로 억누르는 것일 수도 있다. 심리학자 지그문트 프로이트Sigmund Freud는 불안을 다루는 인간의 방어기제 중 하나로 '억압repression'을 꼽았다. 누구나 자신의 본능이나 기억을 억누르는 경우가 있다. 성적인 충동을 느낀다거나 공격적인 충동을 느낄 때 말이다.

사회적 상황에서 성적인 충동을 느낄 때 그것을 그대로 표현하거나 실행한다면 커다란 문제가 발생한다. 따라서 그러한 본능을 그대로 표출할 수 없기에 불안을 느끼고, 그러한 불안을 낮추거나 없애기 위해 충동을 억제하고 억누른다.

말을 바꾸는 상사의 경우, 자신이 했던 말을 바꾸면 뒷감당을 져야 한다. 말을 바꾼 이유를 설명해야 한다거나 기분에 따라 말을 바꾸는 사람이라는 낙인이 찍히는 위험을 감수해야 한다. 이런 뒷감당은 불안으로 작용하고, 상사는 이를 잠재우기 위해 무의식적으로 말을 바꾼다. 부하 직원이 보기에는 상사가 자신이 했던 말을 까먹은 것처럼 보인다.

둘째, 자신이 말을 바꾸고 있다는 사실을 알고 있지만 말을 바꾸었을 때 이익이 더 크기 때문에 말을 바꾼다. 그 외에는 다른 이유가 있을 수 없다. 이유가 어찌되었건 중요한 것은 이런 상사를 어떻게든 받아들여야 한다는 점이다. 어떻게 대처해야 그나마 스트레스를 덜 받을 수 있을까?

우선 증거를 남겨둔다. 범죄 수사를 하는 것도 아니고

이렇게까지 해야 하나 싶겠지만 습관적으로 말을 바꾸는 상사에게 대처할 때 이만큼 확실한 방법도 없다. 증거를 대면 뭐라고 반박할 수도 없다.

보고 자료에 대해 수정 지시를 받은 상황을 예로 들어보자. 상사가 말하는 보고서 수정 내용을 보고서에 바로 기입한다. 상사가 지켜보는 앞에서 말이다. 그리고 보고서 자료를 지시대로 수정한 뒤 다시 보고할 때 이전 보고서를 가져간다. 만약 상사가 일전의 지시 사항과 다른 이야기를 한다면 이전 보고서를 보여주는 것이다. 본인이 했던 말이 고스란히 남아 있기에 상사 입장에서도 어찌할 도리가 없다.

하지만 때로는 메모를 쉽게 할 수 없는 경우도 있다. 상사가 식사 중에 지나가듯이 말했다거나 갑자기 생각난 듯 흘리며 하는 말 등이 그렇다. 이럴 경우에는 카톡이나 사내 메신저, 또는 이메일을 추가로 활용할 수 있다. 최대한 빠른 시간 내에 '상사가 한 말'을 상사와 공유하는 것이다.

"팀장님께서 아까 식사 시간에 말씀하신대로 이번

캠페인은 공모전 형식으로 준비하겠습니다."
"팀장님께서 아까 B안이 좋다고 말씀하셨는데요. 다른
팀원분들도 업무에 참고하시기 바랍니다."

이렇게 메신저나 단체 카톡방을 이용하는 것이다. 이렇게
하면 부가적인 이점도 있다.

'이 친구는 내가 한 말을 바로바로 업무에 적용하는군.'
'내가 한 말을 팀원들에게 전달해서 바로 업무에
적용하는군.'

이런 생각을 자연스럽게 이끌어낼 수 있다. 업무에 대한
이런 확인은 팀이 일사불란하게 돌아가면서 자신의 말을
중요하게 여긴다는 느낌을 상사에게 줄 수 있다. 자신의
말이 권위를 갖는다는 점에서 기분이 좋을 수도 있다.
우리의 본래 의도는 다른 곳에 있지만 상사가 이렇게
받아들인다면 꿩 먹고 알 먹는 셈이다.
또 다른 방법은 라벨링 효과labelling effect를 이용하는
것이다. 이는 사람의 마음을 활용하는 좀 더 고차원적인

방법인데, 타인이 자신에게 붙여놓은 표식label대로
자기개념을 수정하고 행동하는 경향을 말한다.

"너는 지적인 사람이야."
"너는 친절한 사람이야."
"너는 새로운 것을 잘 받아들이는 사람이야."

이런 말을 들었을 때 '응? 내가 그런 사람이었나?' 하는
생각이 들었다면 라벨링 효과를 경험한 것이다. 이처럼
라벨링 효과는 누군가 자신에게 하는 말대로 행동하려는
경향을 말한다. 쉽게 말하면 타인의 기대에 부응하는
것이다. 처음에 들었을 때는 긴가민가 싶을 수 있지만
계속 듣다 보면 '아 내가 그런 사람이었구나.' 하며 믿게
되는 것이다.

"팀장님은 참 일관성 있는 분이신 것 같아요. 한 번 하신
말씀은 꼭 지키려고 노력하시니까요."
"팀장님이 명확하게 업무를 지시해주시니 일하기가
편합니다. 참 효율적이고 논리적인 분이신 것 같아요."

뜬금없이 상사에게 이런 말을 하는 건 쉽지 않다.
티타임을 가질 때, 식사할 때, 함께 어디론가 이동할 때,
자투리 시간이 생겼을 때 한 번씩 툭툭 던져보는 것이다.
말 바꾸는 상사는 정말 쉽지 않은 상대다. 그렇다고 다른
상사로 바꾸는 건 더더욱 어렵다. 그러니 그런 상사는 잘
달래서 써야 한다.

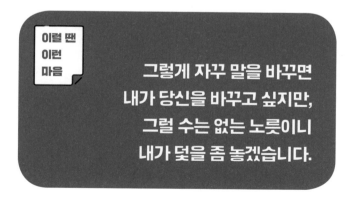

이럴 땐
이런
마음

그렇게 자꾸 말을 바꾸면
내가 당신을 바꾸고 싶지만,
그럴 수는 없는 노릇이니
내가 덫을 좀 놓겠습니다.

Respect the line in the office life

3장

는 것은 욕과
주름뿐, 내 감정의
롤러코스터

회사에서 벌어지는 심리적 길들이기, 가스라이팅

최근 '가스라이팅gaslighting'이라는 말이 회자되고 있다. '누가 누구에게 가스라이팅을 했다.' '누가 누구에게 가스랑이팅을 당했다'라는 식으로 자주 사용된다. 가스라이팅은 '타인의 심리나 상황을 교묘하게 조작해 그 사람이 스스로를 의심하게 만듦으로써 타인에 대한 지배력을 강화하는 행위'를 가리킨다. 대부분 가까운 사람이나 자주 교류하는 사람들에게서 피해를 입는

경우가 많은데 직장에서의 인간관계는 물론이고, 연인,
심지어는 가족 간에도 가스라이팅은 일어날 수 있다.
전 직장에서 있었던 일이다. 처음 근무를 시작할 때
전임자에게 업무 인수를 받았다. 업무 인수 초반에
그에게 물었다.
"여기 계신 분들은 어떠신가요?"
전임자가 진지하게 대답했다.
"P씨하고 업무 이야기를 할 때는 무조건 기록을 남겨
놓으세요."
그의 말로는 P가 말 바꾸는 데 선수라는 것이다.
경험해보니 실제로 그랬다. 더 큰 문제는 뻔뻔함이었다.
"저는 그렇게 말한 적 없는데요. 전 분명히 A라고
말했어요. 최 대리님이 잘못 기억하고 계신 것 같아요"
그 태도가 너무나 확신에 가득 차 있어서 전임자의
귀띔이 없었더라면 정말 내가 잘못 들었나 나 자신을
의심했을 것이다. 이런 식의 가스라이팅은 누구나 쉽게
당한다.

"김 대리가 잘못 알고 있는 것 같은데. 난 그렇게 말한 적

없어."

"최 주임은 참 실수가 많아. 그게 바로 사람들로부터
인정받지 못하는 이유야."

"그런 일에 기분 나빠하면 어떡해. 그래도 티 안내고
웃으면서 다녀야지. 감정을 그렇게 다 드러내면 상대방이
서 과장을 뭐라고 생각하겠어?"

"그렇게 일처리를 하면 안 돼. 그러니까 박 과장이 계속
그 자리에 머물러 있는 거야."

가스라이팅은 상대방을 혼란스럽게 만든다. 누가 봐도
명백한 사실이 있는데도 "아니야. 네가 잘못 봤어.
네가 잘못 생각하고 있는 거야"라는 식으로 상대방을
몰아간다. 처음에는 그런 말을 들으면 '아닌데 왜
저러지?' 하는 생각이 든다. 자신이 정말 그랬다고
생각하지 않는다. 하지만 시간이 지날수록 슬슬 자신이
의심되기 시작한다. 정말 상대방의 말이 맞는 것 같고
자신감이 사라지고 위축되기 시작한다. 상대방으로부터
심리적 지배를 받기 시작하는 것이다. 심해지면 자신의
판단을 의심하기까지 한다. 그 단계에까지 가면 상대에게

의존하기 시작한다. 의존이 심해지면 자신의 판단을 더욱
믿지 못하게 되고, 결국 악순환에 빠진다.

 지금까지 상사의 말이 모두 옳았다고, 그가 시키는
대로 하면 다 잘되고 맞는 방향이었다고 생각하고
있다면 상사에게 가스라이팅을 당하고 있는 것은
아닌지 의심해보자. 내가 가스라이팅을 당하고 있는지
테스트해보는 방법이 있다.

- 직장에서 특정한 사람이 하는 말에 전적으로
  의지하는가?
- 그 사람이 하는 말 중에 아닌 것 같은 말이 있는데도
  그대로 믿고 따르는가?
- 내가 너무 예민한 건 아닌지 후회하고 자책하는가?
- 결국엔 항상 그 사람이 하고 싶은 방식으로 일이
  진행되는가?
- 그 사람의 의견을 묻지 않고 어떤 일을 진행하거나
  결정하는 게 불안한가?
- 그 사람이 분명 했던 말인데 아니라고 하는 경우를
  자주 겪는가?

- 내가 잘못한 일도 아닌데 사과하는 일이 자주 벌어지는가?
- 직장 동료에게 그 사람을 변호하거나 좋게 포장한 적이 있는가?
- 그 사람만 생각하면 내가 하찮은 존재로 느껴지는가?
- 그 사람만 생각하면 가슴이 답답하고 우울해지는가?

위 사항에 반 이상이 해당된다면 가스라이팅을 당하고 있다고 의심해볼 만하다. 가스라이팅은 자존감 도둑이다. 내 자존감을 지키기 위해서라도 가스라이팅에 당하지 않도록 주의해야 한다. 몇 가지 좋은 대처 방법이 있다. 먼저 많은 사람에게 내 상황에 대해 이야기를 들어본다. 가스라이팅은 매일 보다시피 하는 직장 상사나 동료에게 당할 가능성이 높다. 그만큼 자주 보기 때문이다. 특정 상대와 하루 종일 함께 일해야 하는 환경인데 위와 같은 상황에 처해 있다면 그 상황에 대해 제삼자에게 물어봐야 한다. 다른 부서, 다른 회사, 가까운 지인이나 친한 친구 등 누구든 상관없다. 좀 더 객관적인 피드백을 받아봐야 한다. 가해자와 오랜 시간 함께 있어야 하는

상황이라면 잘못된 생각과 판단을 지속할 가능성이
크기 때문이다. 다양한 사람들과 접촉하고 교류함으로써
스스로가 객관적이고 현실적인 판단을 할 수 있어야
한다.

기록도 매우 좋은 대처법이다. 가스라이팅을 하는
사람들이 자주 사용하는 방법 중 하나가 부인否認이다.
분명 그렇게 말해놓고는 그렇게 말한 적 없다고 딱
잡아떼는 것이다. 당하는 사람 입장에서는 미치고 환장할
노릇이다. 어디 물어볼 데도 없고 아무리 아니라고
말해봐야 상대는 꿈쩍도 하지 않는다. 너무나 강경한
상대의 태도를 보면 순간적으로 '내가 잘못 알고 있는
건가?' 싶은 생각이 들기도 한다. 그런 상황이 반복되다
보면 '그래, 내가 좀 기억력이 떨어지긴 하지.' 하는
생각에서부터 '난 왜 그런 것 하나도 제대로 기억하지
못할까.' 하는 자학까지 별의별 생각이 다 든다. 이때
기록을 남겨 놓으면 이런 상황에 빠지지 않을 수 있다.
가스라이팅 가해자로 의심되는 사람이 있으면 그
사람에 대해 가능한 많은 기록을 남겨놓는 게 좋다.
앞에서 언급했듯이, 보고서를 작성할 때 보고서에 대한

상사의 피드백을 모두 메모해두는 것이다. 그 사람이
보는 앞에서 말이다. 피드백을 반영하여 수정한 뒤 다시
보고할 때 그 메모도 함께 가져가서 딴소리를 하면 그
메모를 보여주면 된다. 물론 상사에게 메모를 들이미는
것이 쉽지 않을 수 있다. 그래도 억울하고 분통 터지는
일을 여러 번 겪는 것보다는 용기를 내는 것이 훨씬 낫지
않겠는가.

그리고 무엇보다 중요한 대처법은 가스라이팅 가해자로
의심되는 사람과 거리를 두는 것이다. 같은 직장에서
함께 일하는 상사라면 그러기가 쉽지 않지만 심리적으로
거리를 두려는 노력을 계속해야 한다. 가령 가스라이팅을
하는 상사가 툭하면 사적인 얘기를 늘어놓으며 대화를
시도한다면 적당한 선에서 끊거나 자리를 피하는
게 좋다. 상사한테 어떻게 그럴 수 있냐고 순진하게
생각하면 안 된다. 사적인 이야기를 들어주고 호응해주다
보면 상대는 나를 친밀한 상대라고 생각해서 쉽게
대하고 선을 넘을 수 있다. 처음에는 상사의 대화를
끊거나 피하는 게 불편하고 어려울 수 있지만 연습하다
보면 요령이 생기고 자연스럽게 피하는 방법을 터득할

수 있을 것이다. 이야기가 진척되지 않도록 형식적이고
딱딱한 반응을 보인다거나 바쁜 상황을 만드는 등
상황은 얼마든지 만들 수 있다. 상사에게 휘둘리지 않는
것, 직장인에게 꼭 필요한 기술이다.

이럴 땐
이런
마음

상사가 하는 말이
모두 맞는 것은 아니야.
그 사람도 당연히
틀릴 수 있어.
좀 더 자신감을 갖고 그 사람을 대하자.
나는 나대로의 방식이 있어.

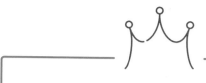

흡연자와 친해지고 싶은
비흡연자의 마음

소셜 스모킹social smoking이란 말을 들어본 적이 있는가?
대인관계나 정보 교류에서 소외받지 않기 위해서
비흡연자임에도 흡연자들이 흡연할 때 함께하는 흡연을
말한다. 미국보건복지부U.S. Department of Health and Human
Services의 산하기관인 스모크프리Smokefree에서는 소셜
스모킹에 대해 다음과 같이 정의하고 있다.

친구들과 어울릴 때나 사회적 상황에서 편안함을 느끼고
싶을 때 담배를 피우는 사람들이 있다. 소셜 스모커들은
때때로 또는 거의 항상 어느 그룹에 속해 있을 때만
담배를 피운다.
(Some people smoke when hanging out with friends
or to feel comfortable in social situations. Social
smokers smoke occasionally and almost always in
groups.)[7]

대인관계를 위해서 비흡연자가 흡연을 하다니, 굳이
그렇게까지 할 필요가 있을까 싶기도 하다. 하지만
나는 이해가 간다. 나 또한 비흡연자지만 직장생활을
하다 보면 '담배를 피워야 하나.' 하는 생각이 들 때가
있기 때문이다. 사내에 흡연자 무리가 있을 때 그렇다.
흡연자 무리에 안 섞이자니 그들과 친해지기 어려울 것
같고, 그렇다고 친해지기 위해 담배를 피울 수도 없고….
난처한 상황에 처한다.
의외로 직장에서 이런 고민에 빠진 사람을 심심치 않게
볼 수 있다. 담배 피는 사람들과 함께 있어서 얻을 수

있는 이익이 있기 때문이다. 흡연자들끼리는 담배를
피우며 많은 이야기를 나눈다. 업무와 관련된 이야기도
있고 개인적인 이야기도 있다. 사무실 안에서는 할
수 없는 얘기들이 무척 많다. 조직 개편을 앞두고
돌아다니는 소문, 유관부서의 최근 분위기, 직원들
사이에 떠도는 이야기 등 수없이 많은 이야기가 오간다.
물론 그런 이야기들이 모두 사실은 아니다. 거짓 정보도
있고 뜬소문도 있다. 그렇더라도 담배를 피우면서
상대와 친밀감을 공유할 수는 있다. 그렇게 쌓은 친분은
직장생활을 하는 데 심리적이고 현실적인 도움이 된다.
나는 비흡연자인데, 담배를 피우지 않아 건강을 챙길
수는 있었지만 동료 직원들과 친밀감을 형성하는 데는
도움이 되지 않았던 것 같다. 심각하게 흡연을 고려한
적도 있다. 하지만 좋은 방법이 아닌 것 같아 단념했다.
그렇다면 흡연을 하지 않고도 흡연자들과 친밀감을
유지하는 방법은 없을까?
일단 업무에 충실하자. 일도 제대로 못하는데 함께
담배를 피운다는 사실만으로 그 사람에게 좋은 감정을
느낄 수는 없다. 흡연보다 업무가 우선이라는 뜻이다.

담배를 피는 사람이 그렇지 않은 사람에 비해 업무
생산성이 낮다는 연구 결과도 있다.[8]

흡연을 함께한다는 것은 누군가로부터 호감을 살
수 있는 많은 방법 중 하나일 뿐이다. 당신 주위에
사람들로부터 인정받고 인기 있는 사람들이 있는가?
그 사람들 모두가 담배를 피는가? 그렇지 않을 것이다.
소셜 스모킹은 친근감을 불러일으킬 수 있는 하나의
방법이지, 그것이 능사가 될 수는 없다. 회사에서는 일단
일을 잘해야 한다. 그것이 기본이다. 일도 제대로 하지
않으면서 소셜 스모킹만 하며 인정받으려는 사람보다 일
잘하는 비흡연자가 훨씬 더 인정받는다.

간식 타임을 갖는 것도 좋은 방법이다. 친밀감을 느끼는
데 반드시 흡연이 필요하지는 않다. 함께 간식을 나누어
먹거나 차를 마셔도 좋다. 함께 모여 업무 이외 시간을
갖는다는 것 자체가 중요하다. 그래서 나는 지금도 가끔
사무실에 빵을 싸간다. 빵돌이어서가 아니라 빵을 매개로
직원들이 함께 모이는 시간을 갖기 위해서다.

"제가 빵을 좀 싸왔어요. 잠깐 이리들 오세요."

이렇게 직원들 간에 자연스레 간식 타임이 만들어지면

삼삼오오 모여들어 이런저런 이야기를 나누는 시간이
생긴다. 그런 시간을 갖고 나면 사무실 분위기가 한층
부드러워진다.

"어제 ○○영화 봤는데 정말 재밌더라고요. 연기도 좋고,
특히 스토리가 정말 흥미진진했어요."
"김 과장님 요즘 테니스 배우신다면서요? 어때요?
테니스가 정말 어려운 운동이라고 하던데."
"회사 앞에 새로 생긴 카페 가보셨어요? 어제 가봤는데
커피 정말 맛있더라고요. 저희 점심 먹고 한 번 가 봐요."

정치나 경제 문제 같은 거창한 주제가 아니어도 좋다.
소위 말하는 스몰토크 small talk 만 나누어도 직원들 간의
친밀감은 급속도로 좋아진다. 그렇게 짧은 휴식 시간과
수다로 친밀감이 쌓이면 업무 이야기를 나누기도 편하다.
예전에 근무했던 직장에서는 동료 직원 중 한 명의
부모님이 농사를 지으셨다. 그 덕에 가끔 사무실에서
키위, 블루베리, 호박 파티가 벌어지곤 했다. 직접 키운
과일을 나눠 먹거나 농작물을 나누면서 우리는 한층 더

친밀해졌고 사무실 분위기도 더욱 편안해졌다.

별 거부감이 없다면 흡연하는 사람들과 함께 있는 것도
괜찮다. 반드시 흡연을 해야만 흡연자들과 함께할 수
있는 것은 아니다. 담배를 피우지 않더라도 커피나
음료수를 마시며 이야기를 나누면 된다. 담배를 피우지
않는데도 함께 있어 주는 당신에게 어쩌면 흡연자들은
더 쉽게 마음의 문을 열수도 있다. 물론 실내보다는
실외에서 흡연 타임을 가질 때 함께하는 것이 좋겠다.
그래야 내 건강에도 큰 무리가 없으니 말이다.

나도 그랬던 경험이 있다. 유통판매점에 근무하던
시절이었는데, 새로 이동한 부서에 터줏대감 같은 동료가
한 명 있었다. 그는 그 팀에서 수년째 근무하고 있는 터라
업무도 많이 알고 있고 그런 만큼 팀 내 영향력이 꽤 큰
인물이었다. 직장생활이 편하려면 그와 친해지는 게 좋을
것 같았다. 그래서 내가 선택한 방법은 그와 흡연 타임을
함께하는 것이었다. 비흡연자였지만 그에게 종종 사내
메신저로 이렇게 말을 걸었다.

"한 대 피러 가시죠?"

당연히 그와는 금방 친해졌다. 그는 담배를 피우고 나는

음료수를 마시면서 업무 얘기나 사적인 얘기까지 두루 나누었다.

직장 동료와 친해지는 방법에는 여러 가지가 있다. 자신에게 맞지 않거나 굳이 하고 싶지 않은데도 억지로 끌려다닐 필요는 없다. 자신의 방식대로 다가갈 수 있는 방법이 많다는 걸 반드시 기억하자.

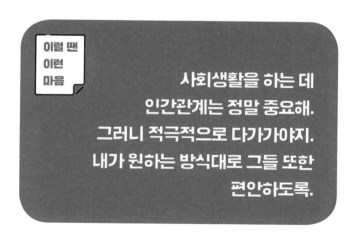

이럴 땐 이런 마음

사회생활을 하는 데
인간관계는 정말 중요해.
그러니 적극적으로 다가가야지.
내가 원하는 방식대로 그들 또한
편안하도록.

동료의 말투 때문에 받는
스트레스, 내가 예민한 걸까?

우리는 하루 동안 수많은 대화를 나눈다. 사회생활을 한다면 특히 더 그렇다. 그러니 말투의 중요성은 아무리 강조해도 지나치지 않다.

최근 동네 마트에 갔을 때 겪은 일이다. 사과를 사려고 사과 매대에 갔는데, 마침 남자 직원이 있기에 그에게 물었다.

"이 사과랑 밖에 있는 사과랑 뭐가 달라요?"

"사이즈가 달라요, 사이즈가."

굉장히 퉁명스럽고 귀찮은 듯한 말투였다. 기분이 좋지 않았다. '내가 물어보면 안 되는 걸 물어봤나?' 하는 생각까지 들었다. 별 수 없이 계산을 하고 나왔지만 불쾌한 기분이 가시질 않았다. 다시 돌아가 "누구에게든 그런 식으로 대답하시면 안 돼요"라고 말해주고 싶었다. 그때 말투의 중요성을 다시 한 번 느꼈다. 말투만으로 기분이 나빠지는 상황은 동네 마트에서만 벌어지는 일이 아니다.

직장인 K씨는 아침부터 기분이 상했다. 동료 직원 P씨의 말투 때문이었다.

"K씨, 그 문서를 그렇게 복사하시면 안 돼요."

물론 복사를 하지 않고 스캔하거나 사진으로 찍을 수도 있다. 하지만 그렇다고 복사를 하면 안 된다니? 복사는 틀린 방법이고 스캔은 맞는 방법인가? 내 방법은 틀리고 자기 방법만 맞다는 것인가? K씨는 윗사람도 아닌 동료 직원에게 지시받았다는 느낌, 공격받았다는 느낌, 무시당했다는 느낌을 지울 수 없었다. 상대방을 충분히 존중하면서 더 좋은 방법을 알려줄 수도 있다.

"K씨, 복사하는 것도 좋지만 스캔하는 게 더 좋아요.
메일에 첨부해서 보내기가 쉽거든요."
이렇게 말하면 아무도 기분 나쁘지 않고 더 좋은
방법으로 일을 처리할 수 있다. 문제는 P씨의 말투를
지적한다고 해서 그가 말투를 바꾸기란 쉽지 않다는
점이다.
"P씨, 그런 식으로 말씀하시면 제가 기분이 별로 좋지
않죠. 좋은 말투로 가르쳐주실 수도 있을 텐데요.
다음부터는 그런 식으로 말씀하시지 않았으면 합니다."
이렇게 똑 부러지게 말할 수 있는 직장인이 얼마나 될까?
거의 없을 것이다. 마음은 굴뚝같아도 그런 말을 내뱉고
난 뒤의 상황을 감당할 수 없기 때문이다. 특히 말투는
주관의 영역이기 때문에 지적하기가 상당히 애매하다.
"왜 말을 그렇게 기분 나쁘게 하세요?"라고 말했는데
"제 말투가 왜요? 저는 그냥 평상시처럼 말한 건데요?"
라고 나오면 대응할 방법이 없다. 상대의 말투가
잘못되었다는 증거는 없다. 그저 나의 마음이 그럴
뿐인데 "제가 듣기에는 기분이 나빴어요"라고 말해봤자
나만 이상한 사람이 되고 만다.

그러니 누군가의 기분 나쁜 말투는 바꾸기가 무척
힘들다. 내 마음을 바꾸는 게 훨씬 쉽고 현실적이다. 어떤
사람의 말투가 기분 나쁘고 거슬린다면 그냥
'저 사람은 원래 저래···. 내가 신경 꺼야지'라고 생각하는
게 상책이다. 신경 써봐야 나만 손해다. 니체도 말했다.
모든 일은 어떻게든 해석이 가능하다고. 좋은 일이든
나쁜 일이든 처음부터 정해져 있는 것이 아니라
해석하는 이에 달렸다고.
사실보다도 해석이 중요한 경우가 있다. 꿈이 그렇다.
좋지 않은 꿈을 꾸면 신경이 쓰인다. 하지만 좋지 않은
꿈이라도 좋게 해석하면 그만이다. 신경도 덜 쓰이고
기분도 좋아진다. "꿈보다 해몽"이라는 말도 있지 않은가.
상대의 말투로 기분이 나쁠 때 이렇게 생각하면 어떨까.
'저 사람은 내가 편해서 저런 식으로 말하나보네.' 또는
'저 사람은 나한테만 저러는 게 아니라 원래 말투가
저래.' 이런 식으로 말이다.
또는 그 사람이 나에게 친절하고 예쁘게 말할 의무는
없다고 생각하는 것이다. 말을 예쁘게 하면 좋겠지만
반드시 그래야 할 법적 의무는 없지 않은가. 그렇게

생각하면 기분 나쁜 마음이 조금은 가라앉는다. 그 사람은 그렇게 살도록 내버려두고 나는 가급적 그와 부딪칠 일을 만들지 않거나 피해가야 한다.

직장에서든 마트에서든 상대의 말투 때문에 기분 나쁠 때가 있다. 아니, 생각보다 꽤 많다. 그럴 땐 마음을 추스르며 그 상황에서 최대한 빨리 빠져나오는 게 좋다. 내 마음은 내가 스스로 지켜야 한다.

이럴 땐 이런 마음

도대체 말을
왜 저렇게 하는 걸까?
정말 기분 나쁘네.
하지만 그 사람이 항상 내 마음에 쏙
들게 말할 의무는 없지.
그래, 신경 쓰지 말자.
내 기분은 소중하니까.

직장을 다녀도 끝나지 않는 고민, 나에게 맞는 진로와 적성은 무엇일까?

한때 진로에 대해 심각하게 고민한 적이 있다. '회사를 더 다녀야 할 것인가, 지금이라도 회사를 그만두고 하고 싶은 일을 시작해야 할 것인가?'에 대한 고민이었다. 하루에도 몇 번씩 마음이 왔다 갔다 했다. 마흔 살이 됐는데도 진로 고민을 하고 있는 내가 답답하기도 했고 신기하기도 했다. 그러다 알고 지내던 교수님 한 분을 찾아가 고민을 털어놓았다. 내 이야기를 진지하게 듣던 교수님이 말을 이었다.

"난 결혼할 때 고민이 많았어요. 두 명의 여자가 있었는데
어떤 여자에게 프로포즈를 할지 갈등했죠. (웃음) 한
명을 택하자니 다른 한 명이 떠오르고, 다른 한 명을
선택하자니 처음 그 사람이 생각나고. 그러다 문득 내가
왜 이런 고민을 해야 하나 싶더군요. 어떤 선택을 해야
할지 고민했던 이유는 두 선택지 중에 더 좋은 선택지가
있을 거라고 은연중에 생각했기 때문이죠. 그리고 나는
더 좋은 선택이 무엇인지 계산했던 것이고요."
"그럴 수 있었겠네요."
"근데 문득 이런 생각이 들더군요. '정말 맞는 선택이
있을까?' 하는."
"맞는 선택이요?"
나는 의아해하며 물었다.
"그래요, 맞는 선택. 그때 나는 선택 자체가 결과를
결정해준다고 믿었던 거예요. 좋은 선택은 좋은 결과를
가져다 줄 것이고, 안 좋은 선택은 안 좋은 결과를 가져다
줄 것이라고 믿었던 거지. 그런데 그게 아니잖아요. 선택

자체가 결과를 결정한다면 우린 매 순간 선택만 잘하면 되는 거잖아요. 선택에 따라 결과는 이미 결정되는 것이니까. 근데 정말 그럴까요?"

많은 생각이 들었다. 나 역시 그랬다. 직장을 계속 다니는 선택과 직장을 그만두고 새로운 일을 시작하는 선택 중에 더 나은 선택이 있다고 은연중에 생각했던 것이다. 선택에 따라 결과가 달라진다고 믿었던 것이다. 하지만 교수님 말씀을 듣고 나니 생각이 바뀌었다. 선택 자체가 결과를 결정하는 것이 아니라, 어떤 선택을 하더라도 최선을 다하면 결과는 그 과정에 따라 달라질 것이라는 깨달음을 얻은 것이다. 그 후, 나는 16년 동안 다니던 회사를 그만두었고, 지금은 완전히 새로운 분야에서 일하고 있다. 심리 상담 분야다. 내가 하고 싶은 일을 찾는 데 16년의 시간이 걸린 셈이다. 나는 새로운 길을 가기로 선택했고, 지금은 그 선택에 최선을 다하고 있다. 내 선택에 최선을 다하고, 또 운이 따라준다면 만족할 만한 결과가 있을 것이라고 생각한다.
이 책을 읽는 누군가도 마찬가지일 것이다. 지금 하고

있는 일이 적성에 맞는 일인지, 내게 더 잘 맞는 일은
없는지, 누군가에게 간섭받지 않고 자유롭게 할 수
있는 일은 없는지 끝없이 고민하고 있을 것이다. 머리가
터질 만큼 고민하고 스스로에 대해 의구심을 가질 수도
있다. 하지만 더 고민해봤자 달라지는 건 없다. 충분히
고민했다는 생각이 들면 이제 과감히 결정하자. 이제는
결심을 실행할 때다.

공자도 너무 많이 검토하고 고민하는 것을 경계했다.
제대로 된 한 번의 검토면 충분하고, 두세 번 너무
깊이 고민하는 것은 실천을 미루고 우물쭈물하는 것과
같다고 말이다. 나 역시 새로운 일을 시작하는 데 3년
동안 고민했다. 충분히 고민했다고 생각했고, 과감히
결정했고, 그 분야에서 지금 최선을 다해 일하고 있다.
지금 자리에 머무르는 것도 새로운 세계로 나아가보는
것도 모두 당신의 선택이다. 선택 자체로 결과가
결정되지는 않는다. 칼과 같다. 칼은 그 자체로는 좋은
것도 아니고 나쁜 것도 아니다. 칼로 세계 최고의 진미한
요리를 할 수도 있고 사람을 헤칠 수도 있다. 어떤 마음을
가지고 어떻게 쓰느냐에 따라 칼이 내놓는 결과물은

달라진다. 선택도 마찬가지다. 선택 자체에 따른 결과는
없다. 선택을 한 이후에 어떤 마음을 가지고 어떻게
최선을 다했는지에 따라 결과는 달라진다.
선택했다면 이후는 운에 달렸다. 운이 어떻게 작용할지는
아무도 모른다. 그저 결정한 선택에 최선을 다하면 된다.

이럴 땐 이런 마음

선택에 따라 결과가
결정되는 건 아니야.
어떤 선택을 하던 그 선택에
최선을 다하자. 충분히 고민했다면
이젠 과감히 실행할 때야.

월급은 많이 안 늘었지만
욕은 많이 늘었어요

직장인이라면 누구나 스트레스를 받는다. 단지
스트레스의 종류와 기간, 정도의 차이만 있을 뿐이다.
'나는 전혀 스트레스를 받지 않는데?'라고 생각하는
사람이 있다면 자신이 다른 사람에게 스트레스를 주고
있지는 않은지 생각해봐야 한다. 스트레스를 전혀 받지
않으면서 직장생활하기를 바라는 것은 물 한방울 튀지
않고 설거지하기를 바라는 것이고, 단 한 톨의 모래도

신발 속에 들어오지 않고 사막 건너기를 바라는 것이며,
단 한 번의 눈물 없이 인생을 살아가길 바라는 것과 같다.
스트레스는 피할 수 없다. 스트레스에 지속적으로
노출되어 짜증을 내고 신경질적인 사람이 되는 건
어쩌면 자연스러운 일이다. 그렇다고 스트레스를 받을
때마다 이를 해소하기 위해 사무실 밖으로 뛰쳐나갈
수도 없다. 나는 이럴 때 '혼잣말 욕'을 한다. 남에게 절대
들리지 않는 혼잣말로 욕을 하는 것이다.
"(숨소리보다도 더 작게 나지막이) 야, 이 XX야."
물론 이 방법이 최고니까 '모두들 욕을 하세요'라고
부추기는 건 아니다. 상대방에게 폭력적인 말을
내뱉으라는 것이 아니라 그저 나 혼자 스트레스나
풀어보자는 의미다. 나를 그토록 화나게 한 상대에게
들으라는 것도 아니고, 내가 이렇게 화가 났으니 내 옆에
오지 말라는 경고용도 아니다. 그저 순간의 스트레스와
짜증을 잠시 풀 수 있는 현실적이고 효과적인 대처
방법일 뿐이다.
예전 직장 동료 직원한테 들은 이야기가 있다. 그는
평소 직속 상사 때문에 스트레스를 많이 받았다고

한다. 하지만 다른 직장인들과 마찬가지로 상사한테는
물론이고 누구한테도 스트레스를 풀지 못했다. 그런데
그렇게 차곡차곡 쌓아놓았던 나쁜 감정이 뜻밖의 시간에
뜻밖의 장소에서 터져버렸다. 잠을 자다가 새벽에 갑자기
벌떡 일어나 큰소리로 이렇게 외친 것이다.
"아이, 씨X!"
평소 얼마나 억울하고 분했으면 자다가 벌떡 일어나
욕을 했을까. 그렇게나마 분통 터지는 마음을 풀었다면
다행이란 생각이 든다.
업무 때문에, 때로는 동료나 상사나 상황 때문에 '욱'할
수 있다. 어쩌겠는가. 우리는 성인군자가 아니니 말이다.
우리는 그저 사람과 상황에 영향받는 유리알 같은
멘탈의 직장인이 아닌가. 평온하고 조용했던 성격이
갑자기 난폭해진다 해도 이상한 일이 아니다.
유통판매점에서 근무할 때였다. 영업팀에 근무할
때는 혼잣말 욕을 하지 않았다. 그런데 팀을 옮기고 난
후에는 나도 모르게 혼잣말 욕을 수시로 하고 있다는 걸
깨달았다. 나 스스로도 놀랄 만큼 자주, 심한 욕을 내뱉고
있었다. 새로 바뀐 업무 환경, 낯선 사람들과의 대인관계,

업무 적응에 힘이 들었던 것 같다. 그 부담감과 정신적
육체적 어려움이 욕으로 배출되었던 것이다. 이상하게
욕을 하면 순간적으로 끓어오르는 화를 참을 수 있었다.
혹시 자기도 모르게 욕을 하고 있다면 너무 놀라거나
자신을 나무라지는 말자. 내가 이상한 것이 아니라, X
같은 회사생활에 적응하다 보니 자연스럽게 생겨난
변화일 뿐이다.

그런데 우리는 왜 욕을 하는 것일까? 욕을 하면 감정이
배출되기 때문이다. 흔히 '카타르시스katharsis'라고
표현되는 이 말은 '정화·배설'을 뜻하는 그리스어다.
흔히 '카타르시스를 느낀다'라는 식으로 표현한다.
말 그대로 나쁜 감정을 배출하는 것이다. 순간적으로
치밀어 오르는 분노, 짜증, 황당함 들을 내 밖으로 빼내는
것이다. 쓰레기가 생기면 제때 버리는 것이 좋듯이, 나쁜
감정은 그때마다 배출하는 게 좋다. 혼잣말 욕은 내
안에 쌓이기 시작하는 나쁜 감정을 밖으로 꺼내서 나의
내면을 정화하는 역할을 한다.

나쁜 감정을 제때, 그리고 적당히 배출하지 못하고
안에 쌓아두기만 한다면 무고한 피해자가 생겨날 수도

있다. 자신의 스트레스를 다른 사람에게 전가하는
경우가 그렇다. 예를 들어 직장에서 스트레스를 잔뜩
받고 그 감정을 고스란히 집에 가지고 가서 가족에서
화풀이하거나 연인에게 괜한 짜증을 부리는 것이다.
심리학에서는 이를 '전치displacement'라고 표현한다. 즉
어떤 대상에 대해 느낀 감정을 덜 위협적인 대상에게
표출하는 것을 말한다. 아빠에게 야단맞은 어린아이가
애꿎은 강아지에게 분풀이를 한다든지, 상사에게 혼나고
힘없는 부하 직원에게 분풀이를 하는 경우가 그것이다.
스트레스를 받을 때마다 괜한 사람에게 화풀이하지 않기
위해서라도 혼잣말 욕은 효과적이다.

단, 혼잣말 욕은 임시 방편이다. 버릴 쓰레기가 생겼는데
버릴 곳이 마땅치 않아 임시로 호주머니에 넣어두는
것과 같다. 주머니에 넣어둔 휴지는 쓰레기통이 보이면
바로 그곳에 버려야 한다. 스트레스도 마찬가지다.
혼잣말 욕을 통해 임시로 묻어 놓은 스트레스는
근본적으로 처리해야 한다. 스트레스를 근본적으로
다스릴 수 있는 몇 가지 방법을 제안한다.

첫째, 취미생활을 갖는다. 분노도 일종의 에너지다.

순간적으로 끓어오르는 부정적 에너지인데, 이런
에너지를 취미생활을 통해 긍정적으로 표출하는
것이다. '분노의 양치질'로 유명한 드라마의 한 장면이
기억나는가? 분노가 끓어오른 남자 주인공이 분노의
에너지를 치아의 프라그를 제거하는 데 활용한
장면이었다.

분노를 무조건 참으려 해서는 안 된다. 적절히 배출하고
다스리는 것이 더욱 중요하다. 적절히 활용할 수만
있다면 긍정적인 에너지로도 활용할 수 있다. 드라마 속
남자 주인공의 분노의 양치질처럼 말이다.

심리학자 알프레드 아들러Alfred Adler는 열등감에
주목했다. 열등감을 느끼는 사람은 이에 대한 보상으로
우월감을 달성하기 위해 노력한다고 한다. 즉 열등감을
열등감으로 끝내는 것이 아니라 보다 나은 인간, 보다
발전된 인간으로 나아가기 위한 원동력으로 삼는다는
의미다. 열등감이라는 부정적 에너지를 우월감
달성이라는 긍정적 에너지로 활용한 셈이다. 쓰레기도
그냥 버리면 쓰레기지만 분리수거를 해서 재활용하면 또
다른 자원이 된다. 분노도 마찬가지다.

분노 유발자를 어차피 남이 될 사람이라고 생각하는
것도 좋은 방법이다. 회사에 꼴 보기 싫은 상사가 있다고
해보자. 매일 같이 얼굴 봐야 하고 매일 업무를 같이 해야
한다. 크리스마스보다도 그 상사가 연차를 내는 날이 더
좋다. 매일매일 보는 것이 고역이고, 그가 하는 말을 듣고
있노라면 없었던 분노가 치민다. 어떻게 해야 좋을까?
남이라고 생각하는 것이다. 실제로도 남이다. 돈 벌려고
나온 직장, 경력 쌓기 위해 나온 직장에서 하필 재수 없게
그 사람을 만났을 뿐이다. 죽을 때까지 볼 사람도 아니다.
내가 먼저 퇴사할 수도 있고 상사가 먼저 퇴사할 수도
있다. 내가 다른 부서로 갈 수도, 상사가 다른 부서로
갈 수도 있다. 회사 밖에서 만나면 아저씨, 아줌마일
뿐이다. 길에서 지나가다 마주치면 신경도 쓰지 않을
그런 사람들이다. 그렇게 생각하면 마음이 조금 편해질
것이다.
둘째, 태도는 정중하지만 자신의 메시지를 명확히
전달하는 것도 도움이 된다. 스트레스 유발자들에게
소신껏 자신의 의견을 전달하는 것이다. 상사나 동료
직원, 거래처 사람에게 제대로 할 말을 못하는 사람이

있다. 상사에게 반항한다는 메시지를 줄까 봐, 동료 직원과 괜한 불화를 만들까 봐, 거래처에 갑질한다는 소리를 들을까 봐 꾹꾹 참는 것이다. 좋은 게 좋은 거라고 치부하며 화를 속으로 삭인다. 그런데 그게 정말 좋은 것일까? 그렇게 참는 것만이 능사일까? 헛소리를 해대는 상사 얘기를 가만히 듣고만 있으면 상사는 나중에도 똑같이 행동할 가능성이 높아진다. 예의 없이 구는 팀 동료를 그냥 두면 또 그렇게 해도 된다고 생각한다. '을'의 가면을 쓴 '갑' 거래처는 참는 나를 보며 호구라고 생각할지도 모른다. 할 말은 해야 한다. 단, 어떻게 말하느냐가 중요하다. 내가 전달하고 싶은 메시지는 명확히 전달하되 태도는 정중해야 한다. 말하는 태도, 표현, 단어, 몸짓, 어투, 억양 등에 신경 써야 하다. 옳은 말을 하더라도 전달하는 태도가 불량하다고 상대방이 느끼면 상대방은 그걸로 꼬투리를 잡는다.

솔직히 말해 직장생활은 X 같은 상황의 연속이다. 그 모든 상황을 인내할 필요는 없다. 참을 수도 없다. 욕이 나오면 하면 된다. 다만 상대방에게 직접적으로 하거나 상대방이 들어서는 안 된다. 나 혼자 들리는 나지막한

욕이어야 한다. 내 안에 쌓인 부정적 에너지를 긍정적
에너지로 활용하고 분노 유발자들에게 인격적인
에너지를 쏟지 않는 것. 그것만으로도 스트레스는 우리가
관리할 수 있는 영역이 된다.

이럴 땐
이런
마음

저 인간은
왜 저렇게 생겨먹었을까?
꼭 말을 저렇게 해야 하나?
평생 머리카락 없는 인생만 살아라!

내 감정을 인정하는 건
어려워

직장에서든 학교에서든 발표에 대한 두려움은 누구나 갖고 있다. 단지 정도의 차이만 있을 뿐이다. 하지만 두려운 정도가 아니라 유난히 기피하는 사람들이 있다. 직장인 K씨는 간단한 팀 미팅 시간에 말할 차례가 다가오면 유난히 긴장을 한다. 자신의 업무에 대해 간단히 몇 마디만 하면 되는데도 그게 쉽지 않다. 말할 내용을 회의 자료에 미리 적어보기도 했지만 그래도

불안한 건 여전했다. 자기 순서가 되면 막상 무슨 얘기를
해야 할지 머릿속이 새까매졌다. 다른 사람들은 떨지도
않고 청산유수로 잘 발표하는데 왜 자기만 이렇게
긴장하고 떨리는지 자괴감이 든다.

나 또한 비슷한 경험이 있다. 나는 회식자리에서도
종종 긴장하곤 했다. 건배사 때문이었다. 건배사는
대개 돌아가면서 했는데, 주절주절 몇 마디하고, 건배를
위한 구호를 지어내야 했다. 내겐 큰 부담이었다.
앞서 건배 제의를 하는 사람들을 보면 어쩜 저렇게
잘하는지 부럽기까지 했다. 내 차례가 다가올수록
떨리고 긴장됐다. 대체 이게 뭐라고…. 순서가 돼서
말을 할라치면 그동안 속으로 백 번은 되뇌어본 말이
생각나지 않아 더듬거릴 때가 많았다. 긴장한 탓이었다.
다행히 회식자리라서 다들 웃으면서 넘어가 주었다.

우리는 왜 이렇게 사람들 앞에서 말하는 걸 불안해할까?
다양한 이유가 있겠지만, 선천적으로 낯가림이 심할 수도
있고 남들의 시선과 반응에 민감한 성격일 수도 있다.
항상 완벽하고 좋은 모습을 보여줘야 한다는 강박관념을
가진 완벽주의자이거나 남들 앞에서 말하는 경험이

부족해서일 수도 있다. 불안해도 당당할 수는 없을까?

〈수영장으로 간 남자들Sink or Swim〉이라는 프랑스 영화가

있다. 인생에서 성공한 적이 별로 없는 남자들이 모여

'남자 수중발레'를 하는 이야기다. 이들은 겁도 없이

세계선수권대회에 출전한다. 곧 경기가 시작될 무렵,

긴장한 남자가 다른 남자에게 묻는다.

"불안하지 않아?"

"불안하지. 근데 떨리진 않아."

그 말을 듣는 순간 '엥? 이게 무슨 소리지?' 하는 생각이

들었다. 그게 가능한 일일까? 불안한데 떨리지 않는

것이? 곰곰이 생각해보니 그럴 수도 있겠다 싶었다.

기쁘다고 반드시 웃을 필요는 없다. 화난다고 꼭 소리를

지를 필요도 없다. 창피하다고 숨을 필요도 없다.

마찬가지로 불안하다고 반드시 떨 필요는 없다. 감정과

태도는 별개인 것이다.

예전에 있었던 일인데, 업무 때문에 기다리던 연락이

있었다. 하지만 연락이 닿지 않았다. 전화를 해도 카톡을

해도 상대방은 답이 없었다.

'뭐지? 내가 이 사람에게 뭐 잘못한 게 있나?' 하는

생각까지 들었다. 하지만 아무리 생각해봐도 그런 것은
없었다. 그런데 연락이 안 되니 불안하고 답답했다. 틈만
나면 내가 보낸 카톡에서 '1'이 없어지는지 확인했다.
내가 보낸 메일을 열어보았는지 수시로 확인했다.
불안하고 계속 신경이 쓰였다. 그런 불안한 마음에서
벗어나고 싶었다. 그래서 불안한 감정을 부정하기
시작했다.
'나는 불안하지 않다. 내가 불안해할 필요는 없다. 내가
잘못한 게 없다면 상대에게서 결국 답이 오겠지. 신경
쓰지 말자.'
불안함을 느꼈지만 내 감정을 부정하고 싶었다. 불안함을
인정하지 않으려 했다. 그런데 쉽지 않았다. '불안하지
않다'고 생각하면 할수록 더 불안해졌다. 그만큼 더 자주
카톡을 들여다봤다. 결국 내 감정을 인정하기로 했다.
생각을 이렇게 바꾸어보았다.
'나는 그와 연락이 닿길 바란다. 그런데 연락이 안 되고
있다. 그러니 내가 불안함을 느끼는 건 당연하다. 인정할
건 인정하자. 나는 불안하다. 그런데 불안한 건 불안한
거고 내가 신경 쓴다고 안 올 연락이 올까? 내가 신경을

회사에서는 일만 하고 싶다

(124)

쓰는 만큼 연락이 더 잘 올까?'

이렇게 생각하니 신경을 좀 덜 쓸 수 있었다. 카톡과 메일도 덜 확인했다. 감정은 억누른다고 해소되는 것이 아니라 단지 감춰질 뿐이라고 했다. 내 감정을 억압하지 않아야 한다는 것이다.

심리학자 게리 D. 맥케이Gary D. McKay와 돈 딩크마이어 Don Dinkmeyer 역시 감정을 그대로 받아들이는 것이 중요하다고 강조한다. 감정은 감출 수 없다. 느끼는 감정 그대로 인정해야 한다. 내가 느끼는 감정을 먼저 인정해야 그다음 태도와 행동을 결정할 수 있다. 영화 속 주인공이 불안했지만 떨지 않을 수 있었던 이유도 여기에 있을 것이다.

'불안하다. 하지만 우린 그 누구보다 최선을 다했다. 틀림없이 잘할 것이다.'

그리고 영화 속 그들은 금메달을 차지했다.

화가 나는 상황이 닥치면 이렇게 생각할 때가 있다.

'이건 화낼 일이 아니야'라고. 억지로 내 감정을 부정하는 행위다. 이렇게 생각해보면 어떨까?

'정말 화가 나. 이 상황에서 화가 나는 건 맞아. 하지만

참아보자.'

마음속에서 용솟음치는 질투심을 애써 부정할 때도 있다.

'내가 왜 그러지? 이건 질투할 만한 상황이 아닌데 내가 그렇게 속 좁은 놈이었나?'

이렇게 부정적인 감정에 휩싸이는 대신 이렇게 생각해보자.

'솔직히 부러워. 부러워하는 게 맞아. 그런데 저 사람은 그럴 만한 자격이 있지. 축하해줄 만한 일이야. 축하하자. 대신 다음번에는 내가 축하받도록 좀 더 잘해보자.'

내 감정을 인정해주는 게 중요하다. 감정은 느껴지는 것이다. 파도가 해변에 밀려오듯 자연스럽게 밀려오는 것이다. 내가 조절할 수 없다. 단, 감정 이후에 밀려오는 마음은 내가 마음먹기에 달렸다. 어떻게 마음먹느냐에 따라 태도와 행동이 달라질 수 있다.

발표에 대한 불안 역시 마찬가지다. 발표를 앞두면 누구나 떨린다. 우리는 대부분 발표를 잘하려고 '떨지 말자. 떨지 않을 수 있다. 나는 떨지 않고 잘할 수 있다.' 이런 생각을 한다. 떠는 자신을 부정하는 것이다. 하지만 자연스런 자신의 감정을 부정하고 어떻게 발표를 잘할

수 있겠는가. 자신의 감정과 상태를 인정하고 그런 후에
태도와 행동을 결심하자.

'너무 떨려. 그래, 사람들 앞에서 말하는 건 쉬운 일이
아냐. 실수할 수도 있어. 어차피 완벽할 수는 없어.
최선을 다해 준비한 만큼 보여주자.'

불안해하는 자신을 그대로 받아들이면 덜 불안해진다.
실수할 수 있는 '나'를 인정할 수 있다. 잘해야 한다는
강박으로부터 조금은 편안해질 수 있다. 거기서부터
자신감은 시작된다.

> **이럴 땐 이런 마음**
>
> 와, 정말 떨린다.
> 그래, 떨리는 건 당연해.
> 떨리긴 하지만 내가 준비한 건
> 다 보여주자. 떨리지만 잘할 수 있어.

Respect the line in the office life

4장

이렇게 봐도 싫고
저렇게 봐도
꼴 보기 싫은 사람이
있다면

신입아, 화내서 미안하지만
정말 화가 나

우리는 누구나 신입이었다. 그래서 신입은 어디에나
존재한다. 회사에는 신입사원, 학교에는 신입생,
스포츠팀에는 신인선수, 심지어 가정에도 사위, 며느리,
갓난아기 등 신입 구성원이 존재한다. 신입은 그 자체로
활력을 준다. 신선한 느낌과 에너지를 전달한다. 기존
구성원들은 그들에게 새로운 힘을 받고 활력을 느낀다.
하지만 빛과 그림자는 항상 함께 다니는 법. 신입에게도

단점은 있다. 바로 업무 능력의 미진함. 업무 능력이
중요하게 취급되는 회사에서 '일 잘한다'는 칭찬은
모든 신입사원이 가장 듣고 싶은 말일 것이다. 일
잘하는 신입사원을 후배로 받은 선배 사원은 또 어떤가.
천군만마를 얻은 것처럼 든든하지 않을 수 없다. 문제는
그렇지 못한 신입사원을 만났을 때다.

답답한 신입을 후배로 둔 적이 있는 사람은 잘 알 것이다.
일하는 걸 보면 화가 나고, 하지만 그렇다고 대놓고
화를 낼 수도 없는 마음을. 특히 요즘에는 더 조심해야
한다. 직장 내 갑질로 신고당할 수도 있기 때문이다.
선배 입장에서는 너무나 화나는 상황인데 정작 후배는
아무렇지도 않은 경우도 부지기수다. 이럴 때 우리가 할
일은 두 가지다. 첫째는 내 마음을 다스리는 것, 둘째는
후배가 변할 수 있도록 돕는 것.

면세점 MD팀에서 근무를 할 때였다. K 주임이라는
직속 후배가 있었다. 체격이 좋고 예의도 바르게 보였다.
문제는 그에 대한 소문이었다. K 주임이 속해 있던 기존
팀에서 그를 좋게 평가하지 않았다. 답답하다, 일을
못한다, 느리다, 제 역할을 못한다는 반응 일색이었다.

전혀 그렇게 보이지 않아 반신반의했다. 직접 경험해보기 전에 판단하지 않는 게 좋다고 생각했다. 함께 일을 해보니 소문대로인 면도 있고 아닌 면도 있었다. 업무 처리 속도가 느리긴 했다. 내가 부탁한 일을 하루 종일 하고 있는 경우도 있었다. 2시간이면 끝낼 일인데 말이다. 답답했다. K 주임이 일을 늦게 처리하는 바람에 나까지 일을 제때 끝내지 못하는 경우도 종종 있었다. 유관부서나 거래처의 원성을 듣는 경우도 있었다.

점점 답답하고 화가 나기 시작했다. 왜 하필 이런 친구가 후배가 되었는지 원망스러웠다. 그렇다고 신입에게 화를 낼 수는 없었다. 대신 그 친구의 좋은 점을 찾으려 애썼다. K 주임을 위해서가 아닌 나를 위해서였다. 좋은 점을 찾아내면 화나는 마음을 조금이라도 누그러뜨릴 수 있을 것 같았다.

그렇게 그를 관찰한 결과 그는 무척이나 성실했다. 한번 일을 맡으면 책임감을 가지고 끝까지 해냈다. 단지 처리 속도가 느릴 뿐 매우 꼼꼼했다. 남들은 대충 보고 흘릴 데이터도 눈여겨봤다.

니체는 말했다. 특정한 대상이 우리에게 특정한 감정을

불러일으키는 것이 아니라, 자신의 사고방식이 작용해서
생긴 감정일 뿐이라고. 사실 절대적으로 좋고 절대적으로
나쁜 것은 없다. 본질은 같지만 그것을 어떻게 보느냐에
따라, 그것이 어떤 상황에 놓여 있느냐에 따라 좋고 나쁨,
좋고 싫음이 결정된다. '양날의 검'이라는 말도 있지
않은가. '검'이라는 본질은 같다. 하지만 검의 한쪽은
상대에게 위협이 될 수도, 다른 한쪽은 나에게 위협이 될
수도 있다. 일장일단一長一短도 같은 의미다.
만약 마음에 들지 않는 후배가 있다면 이렇게
생각해보자.

'저 친구가 업무 속도는 느려 터졌어도 꼼꼼하기는 해.'
'김 주임이 좀 덤벙대기는 해도 저 친구가 있어서 사무실
분위기가 살아나.'
'박 대리가 가끔 지각을 하긴 하지만 누군가 야근을 해야
한다면 주저 없이 자원하는 친구야.'
'강 대리가 좀 까다롭기는 해도 내 얘기를 잘 들어주지.'

앞서도 말했지만 답답한 후배의 좋은 점을 찾은 이유는

후배가 아닌 나를 위해서였다. 답답한 그를 바라보며
답답해하는 나 자신을 보호하기 위해서였다. 답답한
후배의 답답하지 않은 면을 찾아보는 것, 그것이 내
마음의 편안함을 위한 첫 번째 단계다.

다음으로 해야 할 일은 업무적 코칭이다. 후배의 고쳐야
할 점, 부족한 점이 개선되도록 도와줘야 한다. 코칭을 할
때 포인트가 있다. 듣기 싫은 소리를 하기 전에 듣기 좋은
소리를 먼저 하는 것이다. 심리학에는 초두효과primacy
effect라는 것이 있다. 처음에 제공되는 정보가 나중에
입력되는 정보보다 더 강한 영향력을 미치는 현상을
말한다. 쉽게 말해, 첫인상 같은 것이다. 누군가를 처음
만났을 때의 첫인상이 이후에 형성되는 인상보다 강한
영향을 미치는 것과 같은 맥락이다.

"K 주임은 내가 볼 때 업무를 꼼꼼하고 성실하게
처리하는 게 가장 큰 장점이야. 그런데 때로는 그런
장점이 지나쳐서 업무 속도가 느려질 때가 있는 것 같아.
그렇게 되면 업무 기한을 넘겨서 일 자체를 망치는
경우가 있거든. 그러니까 K 주임의 꼼꼼함과 성실함은
유지하되 상황에 따라서 업무 속도를 조절하는 연습을

하면 좋을 것 같아."

이렇게 말해주면 K 주임 입장에서는 업무를 좀 더 빨리
처리해야겠다고 생각하겠지만 기분이 나쁘지는 않을
것이다. 단점을 이야기하기 전에 성실함, 꼼꼼함 등과
같은 장점을 언급했기 때문이다. 칭찬을 먼저 들었기에
뒤에 들은 질책은 그리 기분 나쁘지 않게 들린다.

"K씨는 눈치가 빠르고 성격이 좋아서 K씨가 입사한
뒤부터 우리 팀 분위기가 정말 좋아졌어. 그런데 업무를
처리할 때 꼼꼼하지 못할 때가 있더라. 똑같은 일을 두
번씩 하지 않도록 처음부터 꼼꼼하게 하는 게 좋아."
"P씨는 차분하고 꼼꼼해서 일을 맡길 때 안심이 돼.
그런데 모르는 게 있거나 어려운 점이 있으면 선배나
상사한테 언제든 도움을 청하도록 해. 회사일은 협업이고
주어진 시간이 있으니까 능률적으로 일하는 게 중요해."

처음부터 잘하는 사람은 없다. 누구든 배워야 잘하고
경력이 쌓여야 일에 익숙해진다. 실수할 때는 따끔하게
지적해야 하지만, 마치 자신은 처음부터 일을 잘했던

것처럼 신입의 어설픔을 몰아세우면 안 된다. 한 번 주눅
들기 시작하면 가지고 있는 능력조차 제대로 펼칠 수
없게 된다.

이럴 땐 이런 마음

후배가 답답해서
내가 답답한 게 아냐.
내가 후배를 답답하게 바라봐서
그런 거지.
내 시선을 바꿔서
후배의 좋은 점을 찾아보자.
그리고 부족한 점은
개선할 수 있게 도와주자.
그게 선배의 역할이야.

어쩌지, 네가 너무
꼴 보기 싫은데?

직장에 밉상 한 명씩은 꼭 있다. 입으로 일하는 사람,
남의 공^功을 가로채는 사람, 일은 거의 안 하는 것 같은데
월급은 꼬박꼬박 받아가는 사람, 중요한 미팅을 앞두고
휴가 내는 사람, 누가 봐도 본인 좋자고 하는 일인데
말로는 상대방을 위해서라고 생색 내는 사람, 말만 많고
일을 가장 적게 하는 사람, 일은 10만큼 해놓고 100을 한
것처럼 떠드는 사람, 힘들고 번거로운 일에서 은근슬쩍

빠지는 사람, 알고 있으면서 잘 모르는 일이라며
책임지지 않으려는 사람…. 한도 끝도 없다.

이런 사람들을 대할 때면 짜증이 치밀어 오르고 분통이
터진다. 한 대 콕 쥐어박고 싶기도 하다. 따로 불러내
욕이라도 시원히 뱉어냈으면 좋겠다. 사람들 앞에서
잘잘못을 따져 면박을 주고 싶기도 하다. 하지만 그렇게
하고 싶은 대로 다 하면서 사는 직장인은 없을 것이다.
퇴사를 각오하지 않은 이상 쉽지 않은 일이다. 전후
사정을 잘 모르는 사람이라면 내가 아무리 화를 내고
울분을 터뜨린다 한들 나를 잘 이해할 리도 만무하다.
우리는 얄미운 사람들을 볼 때마다 생각한다. '대체 왜
저러는 걸까?' 얄미운 행동을 하는 사람들의 심리는
'사회적 태만social loafing'으로 설명할 수 있다. 사회적
태만이란 혼자 노력할 때보다 공동으로 노력할 때
노력을 덜하게 되는 경향을 말한다. 예를 들어, 최근
〈오징어 게임〉에 나왔던 줄다리기를 생각해보자. 1:1로
줄다리기를 할 때 쏟아붓는 힘과 10:10으로 줄다리기를
할 때 쏟아붓는 힘은 같을까? 대부분 10:10으로
줄다리기를 할 때 쏟아붓는 힘이 더 약하다고 느낄

것이다. 내가 힘을 덜 주어도 티가 나지 않기 때문이다.
내가 힘을 덜 준 만큼 다른 사람이 그만큼 힘을 더 보탤
것이라는 믿음 때문이다.

일 안 하고 월급만 따박따박 받아가는 월급루팡도
마찬가지다. 내가 덜 일하는 만큼 다른 사람이 더 일해
줄 것이라는 믿음이 있다. 더 일한다고 해서 월급이
더 나오는 것도 아니니까 대충 눈속임으로 일하고
월급은 받아간다. 문제는 주위 사람들만 죽어난다는
것이다. 하필이면 그런 사람들 옆에는 꼭 책임감 강한
사람들이 있다. 월급루팡이 일을 덜 하는 만큼 책임감
강한 동료가 일을 더 한다. 선의의 피해자가 생겨나는
것이다. 월급루팡은 그런 모습을 보고 만족해한다. 이런
과정이 반복되다 보면 월급루팡도 성실한 동료도 점차
이 상황에 적응하게 된다.

"서 과장님은 여전히 일을 안 해?"
상사의 일까지 다 짊어지고 끙끙대는 김 대리를 보다
못한 동료가 안쓰러워서 묻는다.
"보다시피 아예 손도 안 대. 이젠 들쳐 보지도 않고

무조건 나한테 줘. 설령 서 과장님이 한다고 해도 내가
다시 봐야 돼. 그러느니 차라리 속 편하게 처음부터 내가
하는 게 나은 것도 같고."
"자기 할 일은 안 하고 도대체 업무 시간 내내 뭘 하는
거야?"
"몰라. 무슨 전화가 그렇게 많은지 맨날 통화하고 수시로
담배 피러 나가고, 부장님이랑 수다 떨고. 일하는 꼴을 못
봤어."
"진짜 너무하네. 무슨 대책을 세워야 하는 거 아니야?"
"무슨 대책이 있겠어. 상사가 시키는 일인데…."

이런 상황에 처해 있다면 어떻게 대처해야 할까?
월급 루팡은 얄밉다. 얄밉기 때문에 그 사람 자체가 미워
보일 수 있다. 하지만 그런 특징에만 주목한다면 그
사람이 계속 싫어질 수밖에 없다.
회사에 근무하던 시절, 나에게도 얄미운 사람이 있었다.
내가 소속돼 있던 그룹의 그룹장이었다. 회의 때는
휴대전화로 쇼핑을 하고 본인 자리에서는 노트북으로
웹툰만 봤다. 본인이 직접 일하는 경우보다는

그룹원들에게 일을 맡기는 경우가 많았다. 정말
밉상이었다. 꼴도 보기 싫었다. 하나가 꼴 보기 싫으니
눈에 보이는 그의 모든 것이 꼴 보기 싫어지기 시작했다.
그가 일하는 방식도, 그와 친한 사람들도, 그가 사는
동네도, 그가 회의 시간에 내는 의견도 몽땅 싫었다.
'일을 저렇게 안 하면서 나보다 월급도 많이 받고 직급도
높잖아. 정말 말도 안 돼.'
그런데 그를 미워하면 할수록 나만 힘들어졌다. 하나가
보기 싫은데 다른 모든 것까지 보기 싫어졌기 때문이다.
한 면만 안 좋아하는 것보다 다른 면까지 다 안 좋아하는
것은 생각보다 어렵다. 안 좋아하는 면이 그만큼 많기
때문이다. 피자를 먹는데 내가 싫어하는 토핑이 많으면
많을수록 힘든 건 나 자신이지 않겠는가. 그래서 어느
순간 생각했다.
'난 그 사람의 특정한 면이 꼴 보기 싫은 걸까, 그 사람
자체가 꼴 보기 싫은 걸까?'
그 사람의 가장 꼴 보기 싫은 면은 열심히 일하지
않는 것이었다. 아니, 정확하게 말하면 열심히 일하지
않는다고 느끼는 나의 감정이었다. 그 사람 입장에서는

자신이 열심히 일하고 있다고 생각할 수도 있으니까 말이다. 정확히 말하면 그 사람의 일하는 방식이 내 마음에 들지 않았던 것이다.

그 사람의 일하는 방식이 나와 맞지 않았던 것이지, 틀렸던 것은 아니다. 나와 맞지 않는다는 게 틀렸다는 뜻은 아니다. 일하는 방식이 안 맞는다는 이유로 그의 다른 모든 면까지 싫어할 필요는 없다. 어차피 완벽한 사람은 존재하지 않으니까. 어쩌면 나는 나와 일하는 직장 상사나 동료가 완벽하길 바랐던 건지도 모른다. 내 옆의 동료가 모든 면에서 나와 맞는 사람이기를 바랐던 것이다. 니체도 그렇게 말했다. 지적이고 아름다운 사람을 찾는다면 그 사람의 전체를 보지 말아야 한다고. 산 정상에서 바라보는 풍경처럼 한 사람의 전체는 절경이 아니라고 말이다.

그러니 꼴 보기 싫은 인간의 좋은 점을 억지로 찾아내보자. 아무리 싫은 사람이라도 좋은 점 한두 가지는 분명히 있기 마련이다. 단지 찾기 싫고, 보고 싶지 않을 뿐이다. 그래도 찾아보자. 나 자신을 위해서다. 싫은 상대의 좋은 점을 찾으면 그 사람이 조금이라도 덜 싫어지니까 말이다.

공자 역시 아주 조금이라도 존경할 만한 점이 있다면 우정을 나눌 가치가 있다고 했다. 너무너무 싫은데 좋은 점을 억지로 찾아 무조건 친구가 되자는 뜻이 아니다. 다만 좀 덜 싫어하자는 것뿐이다. 그것이 나를 위한 길이니까.

이럴 땐 이런 마음

그 사람의 특정한 면이
싫다고 해서 그 사람
자체를 싫어하지는 말자.
그럼 나만 더 힘들어져.
그 사람도 분명 좋은 점이 있을 거야.
그 사람이 아닌 나의 기분을 위해
그의 장점을 찾아보자.

인사 받기 위해 인사하는 건
아니거든요?

직장에서의 하루는 인사로 시작해서 인사로 끝난다.
출근하면 가장 먼저 인사부터 한다. 하루를 시작하는
중요한 의식이다. 그런데 이 의식이 스트레스로 다가올
때가 있다. 상대방이 인사를 잘 받아주지 않는 경우가
그렇다. 즐거운 마음으로 인사를 했는데 상대방이 인사를
받는 둥 마는 둥 한다면 기분이 좋을 리 없다.
'뭐지? 왜 인사를 안 받지? 기분 안 좋은 일이라도 있나?

그래도 그렇지. 인사 정도는 할 수 있는 거 아닌가?
아니면 내가 뭐 잘못했나? 나한테 삐친 게 있나?'
오만가지 생각이 든다. 신경이 쓰여서 일이 손에 잘 안
잡히기도 한다.

인사를 안 받는 사람들은 대개 자신 기분에 따라
행동하는 사람들이다. 기분이 좋으면 인사를 잘 받고,
기분이 좋지 않으면 인사도 건성으로 받거나 아예 받지
않는다. 이런 사람들은 신경 쓰지 않는 게 좋다. 자신의
기분에 따라 행동하는 사람들은 다른 사람의 기분에
어차피 신경 쓰지 않기 때문이다.

공자도 말했다. 기분에 따라 말이 쉽게 변하는 사람은
마음이 견실하지 않은 사람이며, 이런 사람들은 어떤
기도나 치료로도 고칠 수 없다고. 그러니 그런 사람은
누구에게나 미움받을 수밖에 없다. 기분에 따라 말하는
사람이나 기분에 따라 인사를 받고 안 받는 사람이나
똑같다.

어떤 사람은 수줍어서 인사를 안 받기도 한다.
인디애나대학교 심리학과 교수 베르나르도 카두치Bernardo
Carducci는 수줍어하는 사람들에 대한 연구를 수행했다.

연구 결과에 따르면 일반인의 40퍼센트 가량이
수줍어하는 편이라고 한다. 그러니 인사를 잘 받지 않는
당신의 상사나 동료도 혹시 그 40퍼센트에 속하는
사람일지도 모른다.

우리가 만나는 모든 사람이 나와 같지는 않다. 똑같은
상황을 두고도 다르게 생각하고 다르게 반응한다. 나는
반갑게 인사할 수 있는 상황에서도 누군가는 그 상황을
부담스러워할 수도, 피하고 싶을 수도 있는 것이다.

때로는 '물리적 공간' 때문에 인사를 하지 못하거나
받지 못하는 경우도 있다. 인사를 하기에는 사람이 너무
많거나 공간이 너무 넓은 경우다. 일반적으로 사람들은
사무실 문을 열고 들어서면서 인사를 한다. 그런데
만약 사무실 안에 한두 명이 아닌 네다섯 명 이상이
있다면 어쩌겠는가. 짧은 순간에 일일이 눈을 맞추며
인사를 나누기란 쉽지 않다. 나는 이런 경우에 사무실에
들어서며 큰 목소리로 "안녕하세요"라고 인사한 후 내
자리로 이동하는 동안 눈이 마주치는 사람들에게만
한 번씩 더 인사를 한다. 그것으로 나의 할 일은 다한
것이다. 적어도 '인사를 제대로 하지 않는 사람'이라는

평은 듣지 않을 수 있다.

왜 인사를 잘 안 받는지는 정확히 알 수 없다. 다가가

따지기도 민망하다. 중요한 것은 상대방의 이유를 정확히

아는 것보다 내 마음을 다스리는 것이다. 인사를 할 만한

상황에서는 그냥 인사를 하면 된다. 인사를 하고 나면

'어쨌든 나는 인사를 했으니 됐다'라고 생각해야 한다.

인사를 하는 목적이 상대방으로부터 인사를 받는 것은

아니기 때문에 더 이상 신경 쓰지 않는 게 좋다.

인사를 잘 받지 않는 상사 때문에 스트레스를 받던 직장

동료가 있었다. 그러던 그녀가 어느 순간부터 안정된

모습을 보였다.

"요즘에는 부장님 때문에 스트레스 안 받아요? 여전히

인사 잘 안 받던데."

내가 조심스럽게 물어보았다.

"받긴 받죠. 그런데 예전보다는 덜 신경 쓰여요."

"비결이 뭐예요?"

"'그래, 넌 인사 받지 마라. 난 하고 싶으니까 한다.'

이렇게 생각하기로 했어요. 인사를 받거나 말거나 신경

안 쓰려고요."

중요한 것은 내 마음이다. 상대가 인사를 받든 안 받든 내가 인사를 했으면 그것으로 됐다. 더 이상 신경 쓰지 말고 상대의 태도는 잊어버리자.

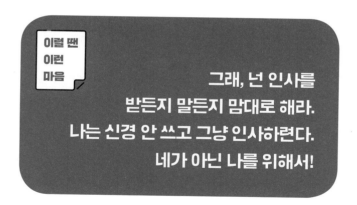

이럴 땐
이런
마음

그래, 넌 인사를
받든지 말든지 맘대로 해라.
나는 신경 안 쓰고 그냥 인사하련다.
네가 아닌 나를 위해서!

잘난 척하는 너를 보며 기도해, 네가 정말 잘나지기를

전 직장에 다닐 때였다. 잘난 척을 즐겨하는 차장이 한 명 있었다. 경력으로 회사에 입사한 사람이었다.

"내가 00에서 근무할 때는 말이야, 00기획서 경진대회가 있었어. 근데 내가 보고서를 좀 쓰거든. 그룹 전체에서 2등했잖아."

한마디로 본인이 보고서를 잘 쓴다는 말이 하고 싶었던 것이다. 그 말을 듣고 나는 회사에서 보고서 경진대회를

한다는 사실과 그 사람이 이렇게 잘난 척을 잘하는
사람이라는 사실에 놀랐다. 이후에도 차장의 잘난 척은
계속되었다. 밥 먹을 때, 회의할 때, 함께 차를 마실 때
틈만 나면 본인 얘기, 본인 자랑을 이어갔다. 잘난 척이
심해질수록 그에 대한 정나미도 뚝뚝 떨어지기 시작했다.
어딜 가나 잘난 척하는 사람은 꼭 있다.

"저번에 회사에서 대박 났던 프로모션 있지? 그거 내가
담당자한테 아이디어 줬잖아."
"이번에 내가 주식에서 재미 좀 봤지. 지난 2주일 동안 석
달 치 월급은 번 것 같은데?"
"아, 그 비용은 제가 처리했어요. 저는 쉽게 할 수 있던데
김 대리님은 왜 어렵다고 하시는지 모르겠네요."

정말 잘난 사람들은 잘난 척을 안 한다. 잘난 척을
하지 않아도 잘났다는 걸 누구나 잘 알기 때문이다.
낭중지추囊中之錐라는 말도 있지 않은가. 주머니 속에 있는
송곳이 드러나지 않을 수 없는 것처럼, 잘난 사람은 굳이
잘난 척을 하지 않아도 티가 난다.

잘난 척을 하는 사람들은 사실 잘나지 못했기 때문에
잘난 척을 한다. 심리학자 아들러는 '열등감'에 주목했다.
열등감이 너무 심해서 미래가 공포로 다가오면, 너무
높은 목표를 세우고 그에 따라 거창하고 눈에 띄는
행동을 하게 된다는 것이다. 눈에 띄는 행동을 하고
틈만 나면 자기 자랑을 늘어놓는 사람들의 마음속에는
열등감이 자리 잡고 있을 가능성이 높다.

잘난 척도 심하면 병이 된다. 잘난 척을 필요 이상으로
자주 하고 모든 일을 자기중심적으로 판단하는 정도가
지나치면 정신병리 측면에서 '자기애적narcissistic
성격장애'로 진단하기도 한다. 이런 부류에 속하는
사람들의 가장 큰 특징은 그야말로 '자기중심적'이라는
점이다. 모든 대화와 일이 자신을 중심으로 흘러가야
한다. 일을 처리할 때 주위에서 조금 반대하거나 문제를
지적하면 굴욕감, 수치심, 분노 등을 느끼며 감정을
주체하지 못한다.

지나치게 잘난 척을 한다고 느껴지는 사람이 있으면
남들에게 쉽게 말 못할, 자기 자신조차 인정할 수 없는
열등감이 있을 수 있다고 생각하고 너무 미워하지 않는

게 나의 정신건강에 좋다. 그렇게 생각하면 상대에게
기꺼이 맞장구를 쳐줄 수도 있다.

"와, 그 프로모션이 차장님이 아이디어였어요?
정말 대단하시네요. 누가 그런 기획을 했는지 정말
궁금했었거든요."
"주식으로 그렇게 많이 버셨어요? 저도 비법 좀
알려주세요. 정말 대단하시네요."
"그 비용을 벌써 처리했어요? 저는 아직도 처리 못한
비용이 있는데 어떻게 하셨는지 가르쳐주세요."

굳이 맞장구까지 쳐줄 필요가 있나 하는 생각이 들 수도
있다. 하지만 그런 가벼운 호응으로 상대방은 기분이
좋아지고, 당신에게 친밀감과 호감을 느낄 것이다.
맞장구 하나로 당신의 편을 얻는 것이다. 물론 지나친
잘난 척은 듣는 사람을 매우 피곤하게 만든다. 그러니
적당한 거리를 두고 형식적으로 맞장구를 쳐주면서
그럭저럭 지내면 된다. 나에게 크게 피해를 주는 것도
아니고, 업무에 차질을 빚는 것도 아니니 그냥 그런

사람이려니, 마음이 외로운 사람이려니 하고 넘어가는 것이 좋다.

자기 자랑을 일삼는 직장 동료나 상사가 있다면 너무 꼴 보기 싫다며 미워하지 말자. 뭔가 깊은 콤플렉스가 있고, 그걸 감추고 싶어서 그러는 것이리라 생각하면 상대에 대한 감정이 조금은 순화된다. 넓은 마음으로 아량을 베풀어주는 것이 가장 좋은 방법이다. 겉으로는 한없이 강해 보이는 잘난 척하는 인간이 사실은 내면이 아픈 사람임을 잊지 말아야 한다.

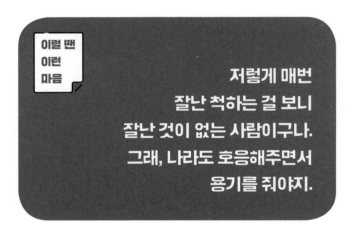

이럴 땐 이런 마음

저렇게 매번
잘난 척하는 걸 보니
잘난 것이 없는 사람이구나.
그래, 나라도 호응해주면서
용기를 줘야지.

능력 없는 팀장 때문에 나는
오늘도 가슴을 친다

P 선임은 오늘도 내게 실망을 안겨준다.

"여러분, 메일이 두 개 왔을 거예요. 메일 확인하시고.
각자 담당하고 있는 사업별로 회신 내용 작성해서 제게
보내주세요."

내가 물었다.

"메일 두 개의 내용이 다른가요?"

"네, 다른 거예요."

미심쩍었다. 평소 제대로 업무를 파악하지 않는 P 선임의
말을 믿을 수 없었다. 나는 그 요청 메일의 발신인에게
전화를 걸어 진위 여부를 파악했다. 확인 결과, 메일
두 개의 요청 내용은 같았다. 나머지 하나는 임원진
보고용으로 보낸 것이라고 했다.

P 선임은 항상 이런 식이었다. 업무를 제대로 이해하지
못한 상태에서 직원들에게 일을 시켰다. 일의 방향을
제시하는 경우도 없었다. 유관부서에서 요청이 오면 아무
생각 없이 전달하는 수준이었다. 선임이라는 직책을 달고
있었지만 아무도 그녀를 선임이라고 생각하지 않았다.
욕심은 있지만 능력 없는 사람이 바로 P 선임이었다.

K 부장도 한때는 나름 잘나가던 사람이었다. S전자에서
전배를 온 사람이었는데, 이후 회사가 급격히 발전하는
상황에서 주요 부서 팀장까지 맡았다. 임원 승진에
대한 꿈도 가지고 있었을 것이다. 하지만 술에 술탄 듯,
물에 물탄 듯하는 그의 성격은 업무 스타일에도 영향을
미쳤다. 부하 직원들 입장에서는 답답해서 속이 터질
지경이었다. 명확한 업무 지침도 의사결정도 없었기
때문이다. 다행인지 불행인지 그래도 사람은 좋았다.

팀원들을 인간적으로 대했고, 팀원들의 근황도 틈틈이
물어보곤 했다. 업무보다는 사람 자체를 중요하게 여기는
듯했다. 하지만 그러면 뭐하겠는가. 회사는 일하기 위해
오는 곳인데. 점점 K 부장에 대한 나쁜 평판이 퍼졌고,
결국 그는 보직 해임되었다.

욕심은 있지만 능력 없는 상사, 사람은 좋지만 능력 없는
상사. 둘 다 부하 직원들에겐 도움이 되지 않는다.

 능력이 없다고 느껴지는 상사는 정말 능력이 없는 걸까?
내 경험에 의하면 실제로 능력이 없다기보다는 지금의
업무 환경과 성향이 잘 맞지 않을 가능성이 크다.

누구나 한 번쯤은 받아봤을 MBTI 심리검사를 예로
들어보자. T형은 사고형Thinking으로 사고를 통한 논리적
근거로 의사결정을 한다. F형은 감정형Feeling으로 정서를
통해 인간관계나 상황을 판단한다. K 부장은 F형, 즉
감정형에 가까웠다. 따라서 K 부장의 업무 스타일 자체가
좋다, 나쁘다 단정 지을 수는 없다. K 부장이 근무했던
팀은 F형과 맞지 않았던 곳일 뿐이다. 어찌 보면 운이
좋지 않았다고도 할 수 있다.

지금 당신의 상사가 업무적으로 알려주는 것은 하나도

없고 매일 농담 따먹기나 하는 상사라면 어떨까? 명확한
업무 지침을 주지 않으면서 팀원들 근황이나 체크하는
팀장이라면? 당장 속에서 열불이 날 것이다. 답답하게
느껴질 수도 있다. 하지만 어쩌겠는가. 당장 그들의 업무
스타일을 바꿀 수는 없지 않은가. 상사를 바꿀 수도 없다.
내가 다른 팀으로 갈 수도 없는 노릇이다. 가장 현실적인
방법은 상사에 대한 내 마음을 바꾸는 것이다.
'팀장님은 사고 중심형이 아닌 감정 중심형이야. 그래서
저렇게 사람만 챙기는 거야.'
물론 이런 식으로 생각해봐야 업무에 도움이 안 된다.
하지만 이렇게 생각하다 보면 상사를 향한 분노가
조금은 사그라질 수 있다. 상사에게 업무적으로 많은
기대를 하지 않게 된다. 웬만한 것은 스스로 판단하고
결정할 수 있게 되는 것이다. 불안해할 필요 없다.
그렇게 해도 된다. 어차피 명확한 업무 지침을 주지
않는 상사들은 명확한 업무 평가도 하지 않기 때문이다.
업무적 자율성과 독립성을 높일 수 있는 좋은 기회라고
생각하는 게 좋다.
누구나 장단점은 있다. 상사도 마찬가지다. 답답한

면보다는 좋은 점을 보려 애쓰자. 상사가 능력이 있는지 없는지는 중요하지 않다. 좋은 쪽으로 생각하고 내 마음이 편해지는 게 낫다. 상사를 위해서가 아닌 나를 위해서.

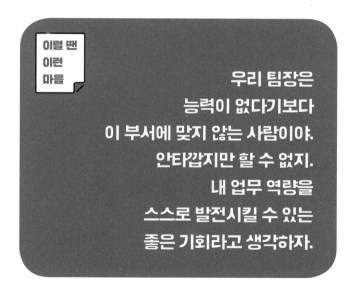

이럴 땐 이런 마음

우리 팀장은
능력이 없다기보다
이 부서에 맞지 않는 사람이야.
안타깝지만 할 수 없지.
내 업무 역량을
스스로 발전시킬 수 있는
좋은 기회라고 생각하자.

융통성 없는 유관부서를
융통성 있게 대하는 법

유관부서의 담당자에게 업무 도움을 요청한 적이 있다.
담당자는 권한 밖의 일이라며 상사에게 물어봐야 한다고
답했다. 참으로 답답한 노릇이었다.
'아니 그 정도도 못해주나.'
물론 그의 입장을 이해 못하는 것은 아니다. 책임을
지고 싶지 않은 것이 가장 큰 이유일 것이다. 상사의
허락을 받지 않고 일을 진행시켰는데 문제가 발생하면

난감한 일이니 말이다. 하지만 본인이 안다. 문제가 될지 아닐지는 웬만한 경력의 실무자라면 판단할 수 있다. 하지만 상사에게 컨펌을 받아야 한다니 뭐라 하겠는가. 그놈의 컨펌이 뭔지. 같은 직장인으로서 이해가지만 짜증도 났다. 융통성 없는 동료 직원을 보면 울화가 치미는 건 어쩔 수 없다.

영화 〈12년의 밤A Twelve Year Night〉은 1973년 우루과이에 군사독재 정권이 들어섰던 시기를 배경으로, 군사 정권에 반대해 자유를 부르짖던 세 남자의 실화를 바탕으로 한 영화다.

수감자로 등장하는 주인공은 한쪽에 수갑을 찬 채 볼일을 보려고 화장실에 들어간다. 하지만 수갑 때문에 제대로 볼일을 볼 수가 없다. 수갑이 벽 위쪽에 연결되어 있었기 때문이다. 수감자는 간수에게 요청한다. 이대로는 볼일을 볼 수 없으니 수갑을 좀 풀어달라고 말이다. 그러자 간수는 자신에게는 그럴 권한이 없다고 말한다. 주인공의 계속된 요청에 간수는 상병에게 그 문제를 보고한다. 상병은 이 문제를 하사에게 보고한다. 하사는 중사에게, 중사는 중위에게, 중위는 대위에게 보고한다.

현장에 대위가 도착했다. 대위가 수감자에게 묻는다.

"정말 똥을 싸야겠나?"

수감자는 고개를 끄덕인다. 대위는 소령을 찾아간다.
소령은 화장실 현장을 방문한다. 이미 그곳에는 수많은
병사가 모여 있다. 소령은 현장을 보자마자 소리친다.

"덜떨어진 것들!"

대위는 현장을 박차고 나간다. 부하들이 하나둘씩 그의
뒤를 따른다. 결국 수감자 홀로 남는다. 그리고 소리친다.

"아무나 와주면 안 됩니까?"

그가 볼일을 봤는지는 알 수 없다. 하지만 어떤
심정이었을지는 알 수 있다. 얼마나 황당하고
답답했을까. 영화를 보는 나도 참으로 기가 막히고
답답했다.

그 장면을 보며 회사라는 조직이 떠올랐다. 회사에는
융통성 있는 사람도 있고 없는 사람도 있다. 문제는
융통성 없는 사람과 일해야 할 때다. 융통성 없는
사람에게 융통성을 바라는 부탁을 했는데 거절당했을 때
치솟는 분노와 화를 어떻게 다스려야 할까?
내가 만나는 모든 사람들이 융통성이 있어야 한다고

생각하면 안 된다. 그것이 나의 온전한 기분을 보존하는 최선의 방법이다.

말레이시아에서 3개월가량 머문 적이 있다. 집에 인터넷을 설치하기 위해 말레이시아 기사들이 오기로 한 날이었다. 신청한 지 2주 만에 방문하는 반가운 손님이었다. 그들만을 손꼽아 기다렸다. 와이파이가 절실히 필요했기 때문이다. 현관에서 기다리고 있다가 그들이 보이기 시작했을 때 만세를 부르고 싶은 심정이었다. 그런데 예상치 못한 일이 벌어졌다. 우리 집은 06호였는데 그들이 03호로 가는 것이 아닌가. 착오가 있겠거니 생각했다. 그들을 불러 세웠다. 양해를 구하고 그들이 들고 있는 종이에 적힌 방문 주소를 확인했다. 그런데 이게 웬일인가. 우리 집 호수가 잘못 기재되어 있었다. 순간 눈앞이 깜깜했다.

분명히 06호로 신청했는데, 아마도 담당자의 실수로 03호로 잘못 입력된 듯했다. 2주 넘게 기다려온 인터넷 설치였는데, 이대로 그들을 돌려보낼 수는 없었다. 설마 주소 하나 잘못 입력되었다고 그냥 돌아가지는 않으리라는 확신도 있었다.

나는 그들을 붙잡고 열심히 설명했다. 다행히 신청자 이름은 내 이름은 맞았다. 그래서 호수는 달라도 이름이 같다는 사실을 강조하며 일단 설치해달라고 부탁했다. "이건 제 잘못이 아니에요. 저는 분명히 06호로 신청했어요. 이건 담당자의 실수예요. 이것 보세요. 이름도 똑같잖아요. 제 잘못도 아닌데 2주 동안 기다린 인터넷 설치를 못하는 건 너무 억울하잖아요. 일단 설치부터 하고 얘기하죠." 간청도 해보고 화도 내보았다. 그들이 보스라고 부르는 사람과 직접 통화도 했다. "지금 2주 동안 기다린 인터넷 설치를 호수가 다르다고 안 해주겠다는 건가요? 더구나 이건 제 잘못이 아니라 그쪽 담당자의 잘못이잖아요. 당신들 실수로 주소가 잘못 기재된 건데 설치를 안 해주다니, 이런 법이 어딨어요." 20분 동안 강력히 요청했다. 그런데 결국 그 기사들은 자신들도 어쩔 수 없다며 도망가버렸다. 정말 화가 나고 황당했다. '주소 한 끝이 다르다고 그냥 가버려?' 융통성 없는 그들의 행동에 넋을 잃고 말았다.

물론 그들의 잘못이라고만은 할 수 없다. 설치 기사들은 매뉴얼을 따랐을 것이다. 융통성 있는 사람이었다면 좋았겠지만 그건 의무사항이 아니었다. 그렇게 생각하니 분통 터지는 마음이 조금은 나아졌다.

회사에서 융통성 없는 사람을 만나면 이렇게 생각해보자. '~했으면 좋겠다'의 바람과 '~해야 한다'의 당위를 구별하는 것이다. 이를 구별할 수 있으면 덜 실망하고 덜 화가 난다.

'구매팀 김 대리가 융통성이 없긴 하네. 원래 저런 사람인가 봐. 그냥 다른 방법을 찾아보자.'
'구매팀 김 대리가 융통성이 없구나. 저럴 만한 상황이 있나 보지. 그냥 다른 방법을 찾아보자.'

전자는 내부 귀인內部 歸因을 찾는 것이고, 후자는 외부 귀인外部 歸因을 찾는 것이다. 내부 귀인은 타인의 행동 원인을 당사자 내부, 즉 의도나 마음에서 찾는 것을 말하고, 외부 귀인은 타인의 행동 원인을 외부, 즉 당사자를 둘러싼 환경에서 찾는 것을 말한다. 내부 귀인을 찾든 외부 귀인을 찾든 결론은 같다. 그냥 다른 방법을 찾는 것이다.

사람들은 내가 원하는 대로 움직여주지 않는다.
세상이 꼭 내가 이해하는 대로 돌아가라는 법도
없다. '그래야 한다'는 사고에서 '그럴 수도 있다'라는
사고로 전환해보자. 융통성 없는 사람과 상황을 대하는
요령이다.

이럴 땐
이런
마음

나에겐 융통성 있는
일이지만 저 사람한테는
위험을 감수하는 일일 수 있지.
그래, 네 입장도 이해해.
네가 반드시 내가 원하는 대로
움직여줄 수는 없는 일이지.

개인주의에 대한
오해

'김 대리가 다음 주 휴가지? 그런데 어쩌지…. 다음 주에
거래처와 중요한 미팅이 잡혔는데…. 김 대리가 업무
내용을 가장 잘 알고 있는데 빠지면 안 되는데…. 김
대리한테 휴가를 바꿀 수 없냐고 물어볼까?'
박 부장은 용기를 내서 김 대리에게 휴가 날짜를 바꿀
수 없냐고 물어보았다. 자신도 대리 시절에 팀장이
업무적으로 부탁을 하면 개인 일정을 조정해서라도

부탁을 들어주곤 했기 때문이다. 박 부장은 회사생활을
하는 사람이라면 그 정도 편의는 서로 봐줘야 한다고
생각했다. 박 부장은 김 대리도 그렇게 해주리라
생각했다. 하지만 김 대리의 대답은 예상을 벗어났다.

"김 대리, 다음 주에 거래처랑 중요한 미팅이 잡혔어.
그쪽에서 날짜를 박아놓고 통보한 거라 나도 어쩔 수가
없었어. 정말 미안한데, 다음 주 휴가 낸 거 좀 미뤄줄 수
없을까?"
박 부장은 한껏 미안함을 담아 조심스레 물었다.
"부장님, 죄송한데요. 다음 주에 가족 여행이 있어서요.
미팅 일정을 바꾸시거나 아니면 저 없이 진행하셔야 할
것 같습니다."

박 부장은 당황했다. 이렇게 단호하게 나올 줄 몰랐기
때문이다. 그 유명한 '라떼는'이 나올 타이밍이었다.
'나 때는 안 그랬는데….'
박 부장은 이런 김 대리가 이기적이라고 생각했다.
'아무리 개인적으로 일정을 잡아놓았어도 회사에 급한

일이 생기면 변경할 수 있는 거 아니야?'라고 생각했다.
하지만 김 대리는 회사에 중요한 일정이 먼저 잡혀
있는데 개인 일정을 잡은 것이 아니다. 개인 일정을 잡을
때만 하더라도 그 주에 중요한 회사 일정은 없었다.
이런 상황에서 과연 김 대리가 이기적이라고 비난할 수
있을까?

개인주의와 이기주의는 다르다. 이기주의egoism를
'오로지 자기의 욕망 충족이나 이익 추구만을 염두에
둔 채 행동하고, 그 행동이 타인이나 사회 일반에
미치는 영향을 고려하지 않은 상태'라고 정의한다면,
개인주의individualism는 '국가나 사회보다 개인의 존재와
가치를 더 중요시하는 사상과 태도'를 가리킨다. 얼핏
비슷해 보이지만 가장 큰 차이가 있다면 남에게 피해를
주는지의 여부다.

이기주의는 오로지 개인의 이익만을 생각하기에 그
과정에서 남에게 피해를 주더라도 크게 신경 쓰지
않는다. 하지만 개인주의는 남에게 피해를 주지 않는다.
집단이나 사회보다 나 자신이나 개인을 우선하지만
남에게 피해를 주지는 않으려 한다. 김 대리가 가족

여행을 고려한 시점과 거래처와의 중요한 미팅 참석을
고려하는 시점이 겹친 상황에서 가족 여행을 결정했다면
이기적인 결정으로 봐도 좋다. 하지만 그 시점은
겹치지 않았다. 가족 여행을 먼저 잡아둔 상태였다. 그
일정에 맞추어 여행사에 비용을 지불하고 가족들은
스케줄을 조정해둔 상태였다. 이런 상황에서 김 대리를
이기적이라고 비난하는 것은 조직 이기주의적인
발상이다. 따라서 '저 사람은 너무 이기적이야'라는
생각이 들 땐, 그 사람이 정말 '이기적'인지
'개인주의적'인지 따져봐야 한다.
우리 주위에서도 개인주의적인 직장인들을 볼 수 있다.
함께 근무했던 J 동료가 그랬다. 그녀는 항상 자신이
맡은 바 일을 최대한 깔끔히 처리하고 퇴근했다. 업무상
특별한 문제도 없었다. 다만 직장 동료가 어려움에 처해
있을 때 도움을 줄 법도 한데 그런 경우는 좀처럼 없었다.

"J씨, 오늘 A씨 업무가 늦어져서 그러는데, 좀 도와줄 수
있을까? 두세 시간이면 될 것 같은데."
"죄송합니다, 저도 오늘 중요한 선약이 있어서요."

이렇게 분명하게 의사를 표명하는 데 더 이상 부탁할
수도, 뭐라고 비난할 수도 없었다. 딱히 잘못한 것도 없기
때문이다. 이런 관점에서 볼 때 박 부장 또한 김 대리를
비난할 수는 없다. 김 대리에게 서운함을 느낄 수는
있을지언정 그는 잘못이 없기 때문이다.

혹시 내 안에 박 부장 같은 마인드가 있는 건 아닌지
돌아보아야 한다. 동료가 내 부탁을 거절했을 때, 부하
직원이 개인적 일정을 우선할 때, 내가 야근할 때
칼퇴하는 동료를 속으로 비난하지는 않았는지, 그들을
싫어하지 않았는지 말이다. 속상할 수는 있어도 그들을
비난할 수는 없다. 그들은 나름의 원칙과 상황에 따라
판단하고 행동했을 뿐 남에게 피해를 주지 않았다.

나만의 성향과 업무 스타일이 있듯, 동료도 자신의 업무
스타일이 있다. 나름의 스타일은 존중하고 존중받아야
한다. 개인주의자들에게 아쉬운 느낌을 가질 수는
있겠지만 그들을 비난할 수는 없다. 그들에게 섭섭함을
느낄 수는 있어도 그들이 나쁘다고는 할 수 없다. 이 점을
이해한다면 그들을 향한 마음이 다소 누그러들 것이다.
그들에게 문제가 있는 것이 아니라 그들을 바라보는

나의 시각에 문제가 있음을 느낄 수 있을 것이다. 만약 그들의 그런 행동 때문에 정이 안 간다면, 자신의 그 감정에 충실하면 된다. 성향이 잘 맞는 다른 동료와 친하게 지내면 된다.

부탁도 마찬가지다. 부탁을 거절당했다고 해서 너무 서운해하거나 거절한 사람을 미워해서는 안 된다. 내가 그들을 필요로 할 때 그들은 개인의 권리를 내세워 부탁을 거절할 수 있다. 내가 그들을 필요로 할 때 그들은 그곳에 없을 권리가 있다.

사람이든 물건이든 내가 필요하다고 해서 늘 그 자리에 있어주지는 않는다. 마트 입구에서 카트를 쓰려고 하는데 주머니에 100원짜리 하나 없고, 택배 포장을 뜯으려고 하는데 커터 칼 하나 안보이고, 운전 중에 눈이 부셔 차 서랍을 뒤져봐도 선글라스 하나 안 보일 때가 있다. 만두를 먹으려는데 간장이 뚝 떨어지고, 거래처에서 질문을 받았는데 해당 일을 잘 알고 있는 김 대리가 하필 오늘 연차일 때도 있다.

소설 《노인과 바다》에서 노인은 길이 5미터가 넘는 물고기와의 사투에서 순간순간 소년을 생각한다.

'이럴 때 소년이 있다면…'

하지만 소년은 없다. 배 위에는 노인만 혼자 있다. 혼자서
상어와 사투를 벌여야 한다. 직장생활도 마찬가지다.
누군가 꼭 있었으면 하는 순간이 있지만 그 사람은 없다.
그래도 어쩔 수 없다. 직장생활이나 인생이나 결국 나
혼자 짊어져야 할 몫이 그만큼이나 많다.

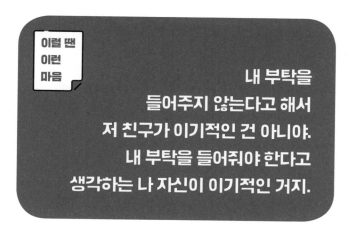

이럴 땐
이런
마음

내 부탁을
들어주지 않는다고 해서
저 친구가 이기적인 건 아니야.
내 부탁을 들어줘야 한다고
생각하는 나 자신이 이기적인 거지.

Respect the line in the office life

5장

적당히 월급 받고
적당히 어울리는
적당한 직딩 라이프

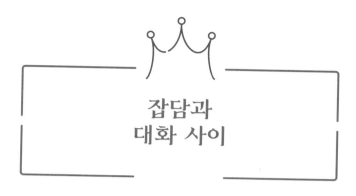

잡담과
대화 사이

직장인이라면 누구나 상사와의 관계에 신경을 쓴다.
상사의 이야기를 잘 들어주면 상사가 내게 더 큰 호감을
가질 수 있다는 것도 안다. 문제는 '정도'다. 상사의
이야기를 어디까지, 언제까지 들어주어야 할까? 내
자리에 와서까지 자신의 이야기를 쏟아내는 상사를
어떻게 대해야 할까?
직장인 L씨가 이런 고민에 빠져 있었다. L씨의 상사인

P 과장은 틈만 나면 L씨 자리로 와서 수다를 떨었다.
L씨의 책상 가림막에 기대서 이 얘기 저 얘기를
무차별적으로 쏟아냈다.

"A 과장은 진짜 말을 이상하게 하더라. 내가 어제 ○○
업무건에 대해서 물어봤는데 엄청 비꼬면서 말하더라고."
맞장구치기 곤란한 옆 부서 직원의 험담에서부터 살림
얘기, 자식 자랑, 시어머니와의 갈등 등 주제와 범위를
가리지 않았다. L씨도 처음에는 잘 들어주었다. 상사에게
잘 보이고 싶었기 때문이다. 상사가 다가오면 하던
업무도 멈추고 상사의 말에 귀를 기울였다. 그렇게 두세
달을 보내고 나니 정작 자신의 업무를 제대로 못하고
있다는 걸 알았다. 그도 그럴 것이 P 과장은 한 번 수다를
떨기 시작하면 기본 20~30분이었다. 급하게 끝내야
하는 일이 있을 때는 일을 할 수가 없었고, 그러다 보니
그만큼 야근도 잦아졌다.

상대의 이야기를 잘 들어주는 것은 원만한 관계를
유지하는 데 도움이 된다. 하지만 자신의 업무 시간을
빼앗길 정도라면 얘기가 달라진다. 주객이 전도된
상황이다. 이럴 때 어떻게 하면 좋을지 몇 가지 방법을

소개한다.

첫째, 상사가 이야기를 그만둘 수 있도록 자연스런 상황을 유도한다. 동료에게 부탁하는 방법도 좋다. 상사가 자신의 자리에 와서 수다를 떨기 시작하면 거래처인 것처럼 전화를 걸어달라고 동료에게 미리 부탁해놓는 것이다.

"네 김 대리님, 오늘 급하게 처리해달라고 말씀하셨는데, 죄송합니다. 바로 처리할게요."

이렇게 얘기하는데도 직원 자리에 붙박혀 있을 상사는 없다. 조금 오글거리고, 이렇게까지 해야 하나 싶더라도, 해야 한다. 물론 연기를 자연스럽게 잘해야 한다는 걸 기억하자.

둘째, 업무 이야기로 화제를 전환한다. 상습적으로 부하 직원에게 아무 말 대잔치를 벌이는 상사가 있다면 단도직입적으로 업무 이야기를 꺼내는 것도 좋은 방법이다. 상사가 사적인 이야기를 떠드는 중간에 적당한 틈을 봐서 끼어드는 것이다.

"아, 맞다! 근데 과장님, 제가 올려드린 결제안 보셨나요?"

"과장님, 그 업무 건에 대해서는 어떻게 생각하세요?"
"과장님, 갑자기 생각나서 말씀드리는데요. 거래처 박
과장님이 오늘까지 회신 줬으면 좋겠다고 한 업무건에
대해서 결재해주셔야 해요."

대화의 소재를 사적인 영역에서 공적인 영역으로
옮겨가는 것이다. 대화 자체를 끊는 것이 아니므로
부하 직원의 입장에서도 부담이 덜하다. 업무 이야기를
꺼냄으로써 자신이 업무에 신경 쓰고 있다는 인식을 줄
수도 있고, 업무 진척 속도도 높일 수 있다.
셋째, 대화의 주제에 따라 공간을 분리한다. 상사에게
사적인 대화와 공적인 대화를 하는 공간을 구분시켜주는
것이다. 정신과 전문의 조장원은 환자를 진료하면서 받을
수 있는 스트레스를 공간 분리를 통해 다루고 있다고 한다.
심리학에는 '고전적 조건형성classical conditioning'이라는
이론이 있다. 쉽게 말하면 새로운 자극과 새로운 반응을
연합하는 것이다. 과하게 수다를 떠는 상사에게 이런
원리를 활용해보는 것이다. 상사의 머릿속에 새로운
연합을 심어주는 것이 목표다.

기존의 연합: 부하직원의 자리로 찾아가는 것=자신의
이야기를 늘어놓는 것
새로운 연합: 부하직원의 자리로 찾아가는 것=업무
이야기를 나누는 것

상사의 사적인 이야기가 길어지겠다 싶은 순간, 이렇게
대화를 환기시킨다.
"과장님, 잠깐 차 한 잔 하시겠어요?"
상사가 사적인 이야기를 꺼내는 순간 다른 공간으로
자연스레 유도하는 것이다. 이런 과정을 반복함으로써
상사에게 공간과 대화의 주제를 별도로 연합시켜주는
방법이다. 이런 등식이 자리 잡으면 상사가 업무
공간에서 자신의 사적인 이야기를 꺼내는 횟수는 잦아들
수 있다. 물론 처음에는 힘들다. 부하 직원이 그만큼
시간을 더 많이 써야 하기 때문이다. 하지만 시간을 들인
만큼 더 확실한 효과를 볼 수 있다.
직장생활은 참으로 쉽지 않다. 일을 안 하겠다는 것도
아니고 일 좀 해보려는데 상사가 업무를 방해하는
상황도 부지기수로 일어난다. 그러니 이런저런 방법을

활용해서 직장생활에서의 스트레스를 최대한 관리해야
한다. 업무 시간에는 가급적 업무에 집중하고 퇴근
시간에는 퇴근에 집중하는 것이 진정한 워라밸이다. 다른
사람으로 인해 내 생활의 균형이 깨지는 일이 없도록
수단과 방법을 가리지 않는 것이 워라밸의 시작이다.

이럴 땐
이런
마음

당신은 집에 가기 싫은지
모르겠지만 나는 빨리
일하고 빨리 집에 가서 내 시간을
즐겨야 돼. 그러니까 제발 잡담은
이제 그만! 당신을 당신의 자리로
돌려보내는 것이
내 워라밸의 시작이야.

저는 '적당한' 인간관계가
좋습니다만

"회사에서는 일만 하고 싶다."

많은 직장인이 동료, 상사, 후배와 업무에 필요한 얘기만
나누고 싶어 한다. 하지만 안타깝게도 어느 정도의
사적인 교류가 있어야 업무가 매끄럽게 돌아가는 부분도
있다. 사적인 대화를 하지 않고 업무에만 집중하다 보면
회사 내 아웃사이더가 되어 섬처럼 고립될 수도 있다.
이와는 반대로 직장 동료들과 소소한 잡담도 나누고

상사 욕도 하면서 스트레스를 풀고 싶어 하는 직장인도
있다. 이런 사람들은 오히려 적막한 회사 분위기를
싫어하고 업무만 하는 분위기에서 외로움을 느낀다.
정답은 없다. 하지만 정답에 가까운 정답은 있다.
직장에서 영혼의 단짝을 구하려고 하지 말아야 한다. 즉
사람들과 적당한 거리를 두어야 한다. '적당히'라는 말이
다소 부정적으로 들릴 수도 있겠다.

"그쯤 하면 됐어. 그 일은 이제 '적당히' 마무리하는 게
좋겠어."
"가서 돈 좀 '적당히' 챙겨주고 와."
"부장님 말할 때 기분 좀 '적당히' 맞춰봐."

뭔가 대충 얼버무리듯 상황을 마무리하려는 느낌이
든다. 부정적인 느낌이 드는 것도 사실이다. 하지만
'적당히'가 정말 필요한 상황도 있다. 라면 끓일 때
물은 '적당히' 넣어야 제맛이고, 역기는 '적당히' 들어야
부상 없이 근육이 성장한다. '적당히' 일해야 번아웃을
피할 수 있다. 목재를 접합할 때도 일부러 '적당히' 틈을

준다. 나중에 물기가 닿으면 목재가 팽창할 수도 있기 때문이다. 가야금 같은 현악기의 줄은 '적당히' 떨어져 있기에 서로 부딪치지 않는다. 그래야 제소리를 낼 수 있기 때문이다.

회사에서도 마찬가지다. 회사에서 만나는 사람들과 적당한 관계를 유지해야 마찰이 생기지 않는다. 마음이 잘 맞는다고 너무 가까이 지내서도 안 되고 밉다고 너무 떨어져 지내도 안 된다.

나와 잘 맞는 사람이라고 무턱대고 가까이 지내면 그 사람과 관계가 소원해졌을 때 큰 불편함을 감수해야 하는 상황이 올 수도 있다. 모든 인간관계는 변한다. 긍정적으로 변하든 부정적으로 변하든 그렇다. 따라서 상대에게 지나친 기대를 품거나 과하게 상대를 신뢰하면 어떤 식으로든 문제가 생긴다. 몇 십 년 동안 우정을 쌓아온 절친과도 사소한 문제가 수없이 생기지 않는가. 심지어는 인연을 끊는 일도 부지기수다. 그러니 직장에서 만난 사람들 사이에서 일어나는 갈등은 어쩌면 당연한 일인지도 모른다. 물론 미리 불행을 걱정할 필요는 없지만 인간관계는 너무나 돌발적이고 변화무쌍하니 적당한 선을 지켜야 한다는 뜻이다.

싫어하는 사람과의 관계도 마찬가지다. 마음이 가지
않는다고 배척하면 언젠가 그 사람의 도움이 필요할
때 난감한 상황이 올 수 있다. 좋아하는 티는 적당히,
싫어하는 티는 되도록 내지 않는 것이 직장생활
처세술의 노하우다.

솔직히 가족도 그렇지 않은가. 하루 종일 붙어 있으면
아주 사소한 일도 빌미가 되어 다툰다. 때론 각자의
시간을 가질 때 가족 간의 관계도 더욱 돈독해진다. 피를
나눈 가족과도 그러한데 직장 동료와는 말할 것도 없다.
독일의 철학자 쇼펜하우어가 예를 든 고슴도치
사례처럼, 너무 춥다고 지나치게 가까이 다가가면 서로의
가시에 찔려 상처를 입게 된다.

우리가 사계절을 경험할 수 있는 것도 지구가 태양
주위를 때론 가깝게, 때론 멀게 유지하며 돌기 때문이다.
만약 지구가 항상 같은 거리로 태양 곁에 있다면 추운
곳은 항상 춥고 더운 곳은 항상 더웠을 것이다.(태양과
가까이 붙어 있는 금성의 평균온도는 464°C이고 태양계에서
멀리 떨어져 있는 해왕성의 평균온도는 −214°C이라고 한다.)

지구가 태양과 적당한 거리를 유지하며 공전하듯
직장에서 만난 사람들과도 적당한 거리를 두며 공존해야
직장생활에서 오는 스트레스를 조금이나마 줄일 수 있다.

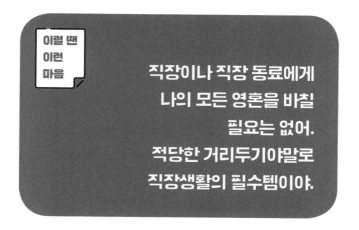

이럴 땐 이런 마음

직장이나 직장 동료에게
나의 모든 영혼을 바칠
필요는 없어.
적당한 거리두기야말로
직장생활의 필수템이야.

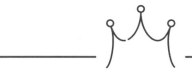

저는 부장님 주말에
관심이 없어요

당연히 직장에서도 사적인 이야기를 주고받을 수 있다.
적당히 주고받는 사적인 대화는 친밀감 형성에 도움이
되기 때문이다. 회사 동료들과의 친밀감은 업무 효율에도
도움이 된다. 문제는 정도가 지나칠 때다. 너무 깊은
사적인 질문을 하거나 지나치게 자주 한다면 불편한
마음이 들 수밖에 없다.

"김 과장, 주말에 뭐 했어?"

월요일 점심시간에 상사가 물어보는 이 질문만큼
곤혹스러운 것도 없다. 물론 상사는 부하 직원들에게
친밀감을 보이고 싶어 다른 의도 없이 던진 질문일지도
모른다. 하지만 사생활에 대한 질문을, 그것도 다른
사람들과 함께 있는 자리에서 물으면 거부감이 들만도
하다. 내가 상담을 진행했던 한 내담자 역시 이런 고민을
털어놓았다.

"주말에 남자친구랑 락 페스티벌에 가서 신나게 놀고
호숫가에서 석양을 바라보며 시원한 맥주 한 잔
들이켰다는 걸 굳이 팀장님께 알리고 싶지는 않아요."

내담자는 팀장이 팀원들에게 습관적으로 사생활과
관련된 질문을 던져서 팀원들이 괴로워한다고 했다.
내가 다니던 회사에서도 그 문제로 괴로워하던 동료가
있었다. 어느 날, 한 직장 동료의 카톡 프로필 사진이
없어졌다는 걸 알았다. 며칠 전만 해도 분명히 프로필
사진이 있었는데 말이다. 그 동료와 이야기를 나누다가
그 이유를 듣게 되었다.

"팀장님이 자꾸 남자친구랑 잘 되어가냐고 물어봐요.
한두 번이면 그럴 수 있겠다 싶은데 계속 물어보니까

미치겠어요. 그래서 카톡 프로필도 없앤 거예요. 전에는
남자친구랑 찍은 사진이 프로필이었는데 그걸 보고 계속
물어보시는 거예요. 그래서 멀티 프로필로 전환했어요.
정말 짜증나요."

왜 상사들은 부하 직원의 사생활을 이토록 궁금해할까?
'단순한 관심의 표현'일 것이다. 지난 주말 동안 부하
직원이 뭘 했는지 그냥 궁금할 수 있다. 주말 동안
여행을 다녀온다는 이야기를 들은 적이 있기에 실제로
잘 다녀왔는지 궁금할 수도 있다. 너의 사생활을 반드시
샅샅이 밝히고 말겠다는 굳은 의지로 질문하는 상사는
아마 거의 없을 것이다.

또는 '친밀감의 표현'을 그렇게 하려는 것인지도 모른다.
사적인 이야기를 주고받으면 그 사람과 훨씬 친밀해진다.
친해지면 사적인 이야기를 거리낌 없이 주고받기도
한다. 친해지고 싶은 사람과 개인적으로 친밀하게
교류하고 싶은 욕구일 수도 있다. 어떤 이유에서든
상대와 친해지고 싶고 친밀함을 표현하려는 의도인
것이다. 그러나 이런 의도라면 더욱더 조심해야 한다.
친분 관계가 생기지 않은 상태에서 사적인 질문을

하는 것은 오히려 역효과를 가져올 수 있기 때문이다. 하버드대학교 경제학과 교수 센딜 멀레이너션^{Senchil} Mullainathan은 "관계의 친밀함과 감정의 깊이가 비례하지 않는 상황에서 친밀감을 과도하게 표현하면 정상적 관계 형성이 어려울 수 있다"고 말했다. 다시 말해, 친밀감을 느끼지 못하는 상대에게 친밀감의 표현으로 사적인 질문을 하면 오히려 상대에게 거부감을 줄 수 있다는 의미다. 따라서 당신이 누군가로부터 사적인 질문을 받고 불쾌한 마음이 앞선다면 그만큼 당신이 상대에게 깊은 친밀감을 느끼지 않는다는 방증이다.

 어쩌면 자신의 이야기를 하고 싶어서 먼저 질문을 던질지도 모른다. 자신이 하고 싶은 사적인 이야기를 꺼내기 위한 마중물로 부하 직원의 사생활을 궁금해하는 것이다. 지난 주말에 다녀온 호텔 서비스가 얼마나 엉망이었는지, 자신의 아들이 얼마나 좋은 대학을 갔는지, 새로 산 스마트 TV가 얼마나 좋은지 말하고 싶은데, 처음부터 자신의 이야기를 꺼내긴 민망하니 상대방에게 예의상 질문을 던지는 것이다. 이렇게 눈치 없이 사적인 질문을 던지는 상사에게는 아무것도 안 했다고 대답하는 것이 최상의 답변이다.

"김 과장, 지난 주말에 뭐 했어?"
"그냥 집에서 쉬었어요."
"아무 데도 안 가고? 난 집에만 있으면 답답하던데."
"아, 네…."

지문만 봐도 재미없는 대화다. 저 답변 안에는 '저는 팀장님과 제 사생활에 대해 대화를 나누고 싶은 생각이 없어요'라는 메시지가 듬뿍 담겨 있다. 싱거운 대답을 들은 상사의 기분이 언짢을 수도 있지만, 그러거나 말거나 내 사생활을 보호하는 게 최우선이다.
'눈에는 눈, 이에는 이' 방법도 괜찮다. 사적인 질문에 사적인 질문으로 맞서는 것이다.

"김 과장, 지난 주말에 뭐 했어?"
"전 그냥 집에서 쉬었어요. 부장님은 어떻게 지내셨어요?"
"난 가족하고 용인 고기리 계곡에 다녀왔지. 둘째 애가 어쩌고저쩌고⋯."

"네, 그러시군요."

역공은 효과적이다. 나의 사생활 이야기를 하지 않으면서
오히려 상대방이 대답하도록 유도했기 때문이다. 본인이
던진 질문에 본인이 대답하다 보면 '사생활 이야기가
생각보다 불편하구나'라는 깨달음을 얻을 수도 있다.
아니면 아무 생각 없이 신나서 본인의 이야기를 더
늘어놓을 수 있다. 그럴 땐 한 귀로 듣고 한 귀로 흘리면
된다. 어떠한 경우에도 나의 사생활은 지킬 수 있다.
자연스럽게 주제를 돌리는 것 또한 훌륭한 방법이다.

"김 과장, 지난 주말에 뭐 했어?"

"전 그냥 집에서 쉬었어요. 근데 부장님, 저희 이번 주
목요일 미팅 예정대로 진행하나요? 제가 그 시간에 업체
미팅이 생길 수도 있을 것 같아서요. 필요하면 일정을
조정하려고요."

자연스럽게 화제를 전환하면 내 사생활도 지키고,
듣고 싶지 않은 상사의 사생활 이야기도 안 들을 수

있다. 너와는 사적인 대화를 하고 싶지 않다는 진심을
숨기면서 자연스럽게 넘어갈 수 있다.

사실 상사는 나의 사생활에 큰 관심이 없다. 그냥 별 뜻
없이 물어볼 수도 있고, 할 말이 없어서 그랬을 수도
있다. 사람마다 무수한 이유로 부하 직원에게 질문을
던질 테지만, 우리는 이것만 기억하면 된다.

'나의 사생활은 당신의 호기심의 영역이 아니다.'

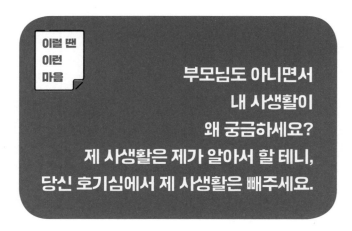

이럴 땐
이런
마음

부모님도 아니면서
내 사생활이
왜 궁금하세요?
제 사생활은 제가 알아서 할 테니,
당신 호기심에서 제 사생활은 빼주세요.

퇴근 이후 카톡 금지법이
절실합니다

"카톡."

휴무인 오늘도 업무 단톡방에 '카톡'이 울린다. 최 과장은
몹시 신경이 쓰인다. 확인을 하지 않자니 자꾸 거슬리고
확인을 하자니 휴일인데 이렇게까지 해야 하나 싶다.
내가 전에 근무했던 곳은 면세점이었다. 그 면세점은
1년 365일 영업을 했다. 나는 영업팀에서 근무했는데
내가 쉬는 날에도 면세점은 영업을 했다. 문제는 업무

단톡방이었다. 쉬는 날에도 업무 단톡방은 쉬지 않았다.
시간대별 매출 보고, 특이 사항 및 요청 사항 전달 등
내용도 다양했다. 쉬는 날이라고 단톡방 알람을 모르는
척하기는 불편하고 눈치가 보였다. 임원들이 있는
방이어서 모른 척하기가 더 어려웠다. 게다가 질문에
답할 담당자가 나일 수도 있었다. 임원이야 거리낄 게
없다. 궁금하면 근무일이든 휴일이든 가리지 않았다.
자신들의 질문에 답할 만한 담당자가 있는지 없는지,
있더라도 휴가 중인지 아닌지 신경 쓰지 않는다.
'연결되지 않을 권리right to disconnect'라는 말을 들어본
적이 있는가? 업무 시간 외에는 업무와 관련된 연락을
받지 않을 권리를 말한다. 프랑스에서는 2017년부터 이
개념을 법으로 만들었다. 50인 이상 사업체에서는 노사
협의를 통해 퇴근 이후 및 주말에 이메일을 보내지 않을
시간과 답변을 하지 않을 시간을 정해야 한다.[9]
가끔 옛 시절이 그리워진다. 누군가에게 연락하려면
집으로 전화하던 시절 말이다. 지금처럼 누구나 하나씩
휴대전화를 가지고 있지 않았던 시절 말이다. 그때는
친구에게 연락하려면 친구 집으로 전화를 해야 했다.

회사에서도 마찬가지였을 것이다. 그러니 아주 급한 용건이 아니라면 연락을 취하지 않았을 것이다. 퇴근을 하면 자연스레 업무와 단절되는 셈이다.

하지만 지금은 어떤가. 카톡은 언제 어디서나 우리를 하나로 이어준다. 시공간을 초월한다고 해도 과장이 아니다. 문제는 너무 많이 초월한다는 점이다. 퇴근을 했어도, 휴가를 떠났어도 나는 상사와 동료와 회사와 연결되어 있다.

근무 중이 아닌 직원에게 스스럼없이 연락하는 상사는 일과 여가의 경계가 모호한 사람이다. 자신만 모호하면 다행인데 다른 사람의 여가 시간도 모호하게 만든다. 골치가 아프다. 한 설문조사에 의하면 퇴근 후에도 업무 목적으로 스마트폰을 활용하는 비율이 75.6퍼센트라고 한다. 직장인 10명중 7명이 퇴근 후에도 일 때문에 스마트폰을 쓰고 있는 셈이다.[10]

이쯤 되면 나를 위해 스마트폰을 산 건지, 회사를 위해 산 건지 모르겠다.

우리나라에는 카톡 금지법도 없으니 이런 카톡 지옥에서 벗어나려면 방법을 모색해야 한다. 내 경험에 의하면

사실 뾰족한 답은 없다. 카톡 자체를 쓰지 않는 회사를
다니지 않는 한 특별한 방법은 없는 것 같다. 하지만
최대한 카톡 지옥에서 벗어날 수 있는 방법을 찾고 찾은
끝에 얻은 소소한 대책이 있다.

첫째, 최대한 늦게 확인한다.

"제가 오늘 쉬는 날이라 확인이 늦었습니다. 죄송합니다."

겉으로는 죄송하다고 말하는 것 같지만 사실은 '나 오늘
쉬는 날인데 네가 연락해서 기분이 안 좋아. 네가
죄송해야 할 거야'라는 메시지를 전달하는 셈이다.

죄송하다고 말하지만 실은 전혀 죄송할 필요가 없다.
쉬는 날 연락한 상대가 죄송함을 느껴야 한다. 이렇게
말하더라도 어차피 카톡을 확인하니 결과적으로는
똑같지만 나름대로 소심한 복수다. '지금은 답변을
하지만 쉬는 날이니 연락은 알아서 자중하고, 카톡
확인이 빠르지 않더라도 양해 바람'이라는 메시지를
주는 것이기도 하다.

사실 카톡 메시지를 확인해보면 그렇게 급한 일도
아니다. 단순한 문의 사항이거나 지시했던 업무가 잘
처리되었는지 확인하는 수준이다. 정말 바쁜 일이면

전화를 할 테니 카톡에 신경 쓰지 않아도 하늘이 무너져 내리는 일은 일어나지 않는다.

둘째, 소신껏 답변한다.

"과장님, 죄송한데 오늘은 제가 쉬는 날이어서 자료가 없어요. 제가 출근해서 확인한 뒤에 답변드려도 될까요?"

이 답변의 속뜻은 이렇다.

"과장님아, 오늘은 내가 쉬는 날이잖아요. 그런데 그걸 지금 물어보면 어떡해요. 그런 건 내가 출근했을 때, 자료를 확인할 수 있을 때 물어봐야지. 앞으로는 주의해주세요."

정상적이고 상식적이고 일반적인 상사라면 저런 답변을 받고 뭔가 느끼는 바가 있을 것이다.

셋째, 퇴근 후에는 연결이 어렵다는 걸 평상시에 입버릇처럼 말하고 다닌다.

"저는 퇴근 후에 보통 휴대전화를 가방 속에 넣어두고 다녀요."

"제가 일하지 않을 때 제 휴대전화는 보통 아이들 손에 있어요."

"저는 일하지 않을 때는 다른 휴대전화를 써요."

"퇴근 후에는 거의 휴대전화를 보지 않습니다. 그래야 제
생활에 집중할 수 있더라고요."

이런 식으로 밑밥을 깔아놓는 것이다. 물론 거짓일수도
있고 사실일 수도 있다. 중요한 건 상사가 그 말을
머릿속에 입력해놓는 데 있다.

넷째, 이직이다.

연결되지 않을 권리에 관심이 많거나 연결되지 않을
권리를 실천하고 있는 회사로 옮기는 것이다. 물론 쉽지
않은 일이다. 하지만 시도 때도 없이 울리는 카톡 소리
때문에 성질이 나빠지고 스트레스가 치솟는 정도라면
회사를 선택할 때 연결되지 않을 권리를 사내 규정으로
내세운 회사를 선택의 우선순위에 놓으라는 뜻이다.
최근에는 이런 회사가 조금씩 생겨나고 있다. 메르세덴츠
벤츠는 휴가 기간 중에 도착한 이메일은 자동으로
삭제된다고 한다. 미쉐린은 업무 외적인 시간에 연락을
취한 건수를 파악해서 한 달에 다섯 번 이상이면 제제를
받는다고 한다.[11]

기업을 선택할 때 이런 권리에 얼마나 관심을 가지고 있는 회사인지 면밀히 살펴보는 것이 카톡 지옥에서 벗어나는 가장 좋은 방법이다. 쓰고 보니 비현실적인 대안이라 허무하지만.

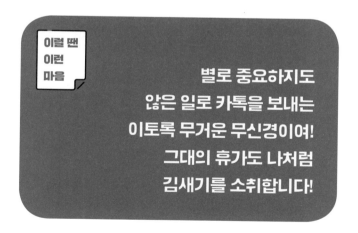

이럴 땐 이런 마음

별로 중요하지도
않은 일로 카톡을 보내는
이토록 무거운 무신경이여!
그대의 휴가도 나처럼
김새기를 소취합니다!

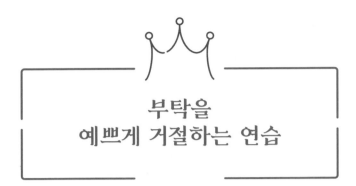

부탁을
예쁘게 거절하는 연습

직장에서의 하루는 어쩌면 부탁의 연속인지도 모른다.

"안 대리님, 죄송한데 검토 요청드린 메일 확인해주실
수 있을까요? 제가 이번에 처음 해본 업무라 틀린 게
있을지도 몰라서요."
"택배 보내는 것 좀 도와주시면 안 될까요? 혼자
옮기기엔 양이 너무 많아서요."

"최 과장님, 엑셀 잘하시죠? 이 중복된 값들을 걸러내야 하는데 어떻게 해야 하는지 모르겠네요."

부탁만 잘해도 직장생활을 편하게 할 수 있다. 내가 하면 한 시간 걸릴 일을 누군가는 30분 만에 해줄 수 있기 때문이다. 그뿐인가. 내가 몰랐던 업무를 배울 수도 있고, 경험이 많은 선배나 상사의 도움으로 실수를 줄이고 좀 더 깔끔하게 업무를 처리할 수도 있다. 정상적인 선배나 상사라면 도와달라고 부탁하는 후배나 신입사원을 매몰차게 대하지 않는다.

그런데 부탁을 잘하는 것만큼 중요한 것이 있다. 부탁을 잘 거절하는 것이다. 누군가가 나에게 도움을 청하거나 부탁을 한다는 것은 기분 좋은 일이다. 그 부탁을 들어줄 만큼 누군가에게 도움을 줄 수 있는 사람이라는 의미니까.

하지만 문제 있는 경우가 있다. 부탁을 하는 사람이 나쁜 의도를 가지고 있는 경우다. 자신의 일을 도와달라고 부탁하는 것이 아니라 자신의 일을 미루기 위해 다른 사람을 동원하려는 경우다. 분명히 본인 혼자서 할 수 있는 일인데도 남에게 하는 부탁은 딱 봐도 보인다. 하기 싫다고 미루고 힘들어서 미룬다. 공자는 이기적인 부탁을 하는 사람은 예의범절과 배려를 배우지 못했기 때문이라고 말했다. 이런 사람들은 한 번 부탁을 들어주면 끊임없이 부탁을 늘어놓는다. 이런 부탁은 매몰차게 거절해야 한다. 미련 없이 거절을 당해봐야 그 사람도 정신을 차린다. 나를 위해서가 아니라 앞으로 그의 평탄한 사회생활을 위해서라도 단호한 태도를 보여야 한다.

부탁을 들어주는 내가 지칠 경우에도 거절하는 편이 오히려 낫다. 가령, 내가 잘할 수 없거나 잘 모르는 영역이라든가, 그 일을 도와주면 내 업무에 차질이 생기거나 내가 막대한 손해를 감수해야 하는 경우 말이다. 이런 경우는 부탁을 들어주는 사람이 문제다. 감당할 수 있는 부탁을 들어주면 아무 문제가 되지 않지만 스스로도 감당하기 어려운 부탁을 들어준다는 건 큰 문제다. 이런 사람들은 대체로 남의 부탁을 잘 거절하지 못하는 사람들이다. 부탁을 쉽게 거절하지 못하는 마음의 이면에는 다른 사람들이 바라보는 나의 이미지를 지나치게 걱정하는 마음이 숨어 있다. 내가 상대의 부탁을 거절하면 상대가 나를 싫어하게 될 수도 있다는 두려움, 내가 상대를 실망시키게 될 때의 미안함, 상대의 부탁을 거절하고 나서 내가 느낄 불편함 같은 감정에 사로잡히는 것이다. 이런 감정의 공통점은 상대방이 나를 어떻게 생각할까에 매우 신경 쓴다는 점이다.

나에 대한 사람들의 평가가 나의 고단함이나 불편함보다도 소중한가? 세상 모든 사람이 나를 좋아할 수 있을까? 그럴 수는 없다. 내가 최선의 노력을 다한다 해도 나를 싫어하는 사람은 분명히 있다. 상처받을 일도 아니다. 모든 사람의 마음이 내 마음 같지 않기 때문이다. 나는 선의로 다가가지만 악의로 받아들이는 사람도 있다. 도움을 주려 했는데 잘난 척한다며 고깝게 받아들이는 사람도 있다. 내가 어떻게 할 수 없는 마음들이다. 그들의 마음이기 때문이다. 그러니 내 마음을 바꿔야 한다. 내 마음은 그나마 내 마음대로 할 수 있기 때문이다. 내가 부탁을 거절했다고 해서 나를 좋아하지 않는 사람이 있다면 그건 그 사람의 마음이다. 어쩔 수 없다.

사람들이 내게 하는 평가가 모두 올바를 수는 없는
것이다. 니체도 인간이란 항상 옳은 평가를 받는 것은
아니므로 다른 사람의 평가에 지나치게 귀를 기울일
필요가 없다고 말했다.
그러니 부탁을 모두 들어주려고 하지 말고, 좀 더
우아하고 부드럽게 거절하는 방법을 익혀두는 편이 좋다.
첫째, 쿠션어를 사용한다.

"정말 해드리고 싶습니다만⋯."
"제게 부탁을 해주셔서 감사합니다만⋯."
"저도 마침 해보고 싶었던 일입니다만⋯."

이런 말을 전제에 깔고 나서 거절하는 명확한 이유를
설명한다.

"정말 해드리고 싶습니다만, 그건 제 담당 업무가
아니라서요."
"제게 부탁을 해주셔서 감사합니다만, 그건 저도 해본
적이 없는 분야라서요."

"저도 마침 해보고 싶었던 일입니다만, 제가 다음 주에 출장을 가야 해서요."

그러고 나서는 대안을 제시한다.

"정말 해드리고 싶습니다만, 그건 제 담당 업무가 아니라서요. 대신 그 업무를 담당하시는 분을 연결시켜드려도 될까요?"
"제게 부탁을 해주셔서 감사합니다만, 그건 저도 해본 적이 없는 분야라서요. 대신 제가 해본 적이 있는 분야에 대해 도움을 드려도 될까요?"
"저도 마침 해보고 싶었던 일입니다만, 제가 다음 주에 출장을 가야 해서요. 그다음 주에 돌아오는데 그때 해드려도 될까요?"

직장생활에서 부탁을 잘하는 것만큼 부탁을 잘 거절하는 것은 무척이나 중요하다. 부탁을 거절하는 것에 대해 너무 미안해하지도 말아야 한다. 부탁을 거절할 뿐이지 부탁하는 사람 자체를 거절하는 것은 아니기 때문이다.

그리고 우리는 어차피 모든 사람을 기쁘게 할 수는 없다.
미국의 코미디언 빌 코스비Bill Cosby는 말했다. "나는
성공의 비결은 모른다. 하지만 실패의 비결은 안다.
그것은 모든 사람을 기쁘게 하려고 노력하는 것이다."

이럴 땐 이런 마음

내가 할 수 있는
범위 내에서 부탁을 들어주자.
그 선을 넘어갈 때는 깔끔하고
예의 바르게 거절할 줄도 알아야 해.
그게 진정으로 나를 위하고
상대방을 위하는 길이야.

일을 잘하니 일이
자꾸 늘어나네?
프로 일잘러의 고민

누구나 회사에서 일을 잘하고 싶어 한다. 상사에게
동료에게 인정받고 싶어 한다. 인정받고 승진하고 중요한
자리를 차지하고 싶어 한다. 대부분이 그렇다. 하지만
일을 잘하면 그에 따르는 고충도 있다. 일을 잘하는 만큼
일 폭탄을 맞을 가능성이 높아지기 때문이다. 그런데 그
많은 일의 내용이 다 비슷하다는 것이 문제다. 단순히
일 폭탄을 맞는 것보다 나를 계발하고 발전시킬 수 있는

다른 차원의 좀 더 중요한 일을 해보는 게 낫지 않을까.
당신이 프로 일잘러라고 가정해보자. 당신의 상사는
당신이 일을 빠르고 깔끔하게 처리한다고 평가한다.
그래서 당신에게 비슷한 업무를 하나둘씩 더 맡긴다.

"최 과장, 미안한데 이것 좀 처리해주겠어? 저번에
보니까 일을 아주 빨리 처리하던데, 지금 내가 너무
바빠서 말야."
"이 일은 최 과장이 맡아서 하는 게 좋겠어. 우리
팀원 중에서 제일 정확하고 빠르게 하니까 최 과장이
적임자야."
"최 과장, 김 대리 일 좀 도와줘. 저러다가 몇 날 며칠을
붙잡고 있을 것 같아서 말야."

처음에는 좀 버겁지만 그래도 당신은 해낸다. 프로
일잘러니까. 그러다 보니 양적 업무 처리 능력은
급격하게 발전한다. 하지만 다른 종류의 일, 다른 차원의
업무에 대한 경험을 쌓기가 쉽지 않다. 마치 체격만 크고
체력이 떨어지는 사람과 비슷하다. 덩치는 큰데 금방

지치는 사람, 걷기만 할 뿐 뛰지 못하는 사람 말이다.
단순히 체격을 키우는 것보다 폐활량을 키우고 유연성도
키우는 질적 운동을 병행해야 건강한 신체를 만들 수
있다. 직장에서도 마찬가지다. 다양한 경험을 하고
상위 직무를 수행하는 질적 경험을 많이 해봐야 진정한
성장을 이룰 수 있다. 자신의 장점을 발휘할 수 있는
일을 맡아야 역량을 펼치며 성과를 거둘 수 있는 것이다.
고만고만한 업무만 지속적으로 맡는다면 좀 더 바빠질
뿐 질적 성장은 기대할 수 없다.

소보루빵을 만드는 사람이 있다고 하자. 그는 30분에
10개의 소보루빵을 만들어낼 수 있다. 빵 맛 또한 좋다.
그가 만드는 빵을 맛보기 위해 이른 아침부터 손님들의
발길이 이어진다. 그러자 빵집 주인은 그에게 더 많은
소보루빵을 만들라고 다그친다. 그는 더 빠른 손놀림과
부지런함으로 30분에 15개의 소보루빵을 만들어낸다.
그런데 언젠가부터 사람들의 발길이 점점 뜸해지기
시작한다. 옆집 빵가게에서 티라미슈를 만들어내기
시작했기 때문이다. 하지만 그는 소보루빵만 만들 줄 알
뿐, 티라미슈는 못 만든다.

소보루빵의 달인인 제빵사는 양적인 성장만 거듭하여 질적인 환경 변화에 대응하지 못했다. 소보루 빵을 누구보다 맛있게, 그리고 빠르게 만들 수 있게 되었다면 거기에 만족하지 말아야 한다. 색다른 소보루빵을 시도해보던가, 아니면 다른 종류의 빵도 만들어내는 능력을 길렀어야 한다. 이것이 질적 성장이다. 매일 똑같은 업무만 수행하고 업무량만 늘려가는 것으로는 개인의 질적 성장을 도모할 수 없다.

당신의 상사가 당신에게 비슷한 내용의 업무를 계속, 더 많이 던져준다면 생각해봐야 한다. 이대로 프로 일잘러의 길을 갈 것인가, 아니면 조금 서투르더라도 다른 업무에 도전해볼 것인가. 만약 새로운 일에 도전하고 싶다는 마음이 있다면 상사에게 자신의 포부를 당당히 밝혀보자.

"팀장님, 제게 업무를 맡겨주셔서 감사합니다. 그런데 저는 다른 종류의 업무도 해보고 싶습니다. 팀장님이 도와주실 거죠?"

부하 직원이 이렇게 말하는데 "절대 안 돼. 너는 내가 주는 일만 닥치고 완수해"라고 말할 상사는 거의 없다. 물론 드물게 이런 성격 파탄자를 만날 수도 있지만,

만약 그런 상사를 만난다면 퇴사를 결심하는 게 좋다. 상식적이고 사람 보는 눈이 밝은 상사라면 지금까지 당신의 업무 처리 능력을 보고 당신의 포부를 지지할 것이다. 의지가 있는 곳에 길이 있다.

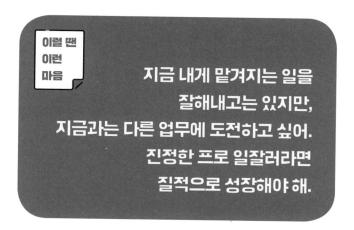

이럴 땐 이런 마음

지금 내게 맡겨지는 일을 잘해내고는 있지만, 지금과는 다른 업무에 도전하고 싶어. 진정한 프로 일잘러라면 질적으로 성장해야 해.

1 〈인간 DNA를 이미지 데이터로 환산한 용량은?〉, ZDNet Korea, 김우용, 2011.11.01.
https://zdnet.co.kr/view/?no=20111031110716

2 〈사람들은 정말 당신에게 관심이 있을까?〉, 넥스트이코노미, 이성연 애터미경제연구소장, 2018.9.2.
http://www.nexteconomy.co.kr/news/articleView.html?idxno=11656

3 〈extraordinary scientific studies on The Spotlight Effect〉, CBT, MarilynWalker, 2021.7.21.
https://www.cbtcognitivebehavioraltherapy.com/spotlight-effect

4 〈여자는 따돌림 두려워 자꾸 편 가르기 한다〉, 코메디닷컴, 유희종, 2011.2.26.
http://kormedi.com/1200321/

5 〈CEO 심리학, 따돌리고 편 가르는 직원에겐 상사의 채찍과 당근이 특효약〉, 매일경제, 김경일, 2020.06.08.
https://www.mk.co.kr/news/business/view/2020/06/623539/

6 〈"직장 내 괴롭힘에 퇴사"…볼펜으로 찌르고 외모 비하〉, 노컷뉴스, 전영래, 2021.03.13.

https://www.nocutnews.co.kr/news/5515491

7 https://smokefree.gov/challenges-when-quitting/
cravings-triggers/social-smoking

8 https://www.koreascience.or.kr/article/JAKO201
068064785201.pdf

9 〈이제 프랑스 노동자들은 퇴근 후엔 문자와 이메일에 답하지
않아도 된다〉, 민중의소리, 이정무, 2017.01.03.
http://www.vop.co.kr/A00001106678.html

10 〈새벽에도 밤에도 하루 카톡 300개, '카톡 퇴근'은 언제…〉,
동아일보, 신규진·김윤종·서동일·유성열, 2018.01.30.
https://www.donga.com/news/article/all/20
180130/88421960/1

11 〈[잃어버린 저녁을 찾아서] 프랑스, 퇴근 후엔 업무 스위
치 'OFF'… 이메일·전화 '차단'〉, 한국일보, 박상준, 2017.
06.16.
https://www.hankookilbo.com/News/Read/
201706160468801118

회사에서는 일만 하고 싶다

초판 1쇄 발행 2021년 12월 30일

지은이 최정우
펴낸이 정덕식, 김재현
펴낸곳 (주)센시오

출판등록 2009년 10월 14일 제300-2009-126호
주소 서울특별시 마포구 성암로 189, 1711호
전화 02-734-0981
팩스 02-333-0081
전자우편 sensio0981@gmail.com

편집 최은영
디자인 섬세한 곰

ISBN 979-11-6657-051-3 03190

소중한 원고를 기다립니다. sensio@sensiobook.com